COMPANHIA DAS LETRAS

Por que escrevo e outros ensaios

GEORGE ORWELL, pseudônimo de Eric Arthur Blair, nasceu em 25 de junho de 1903, em Motihari, Bengala, Índia. Já em seu primeiro livro, *Na pior em Paris e Londres*, de 1933, passou a assinar como George Orwell (o sobrenome é derivado do rio Orwell, na região de East Anglia).

Orwell nasceu na classe dos administradores coloniais de Bengala. O pai era um funcionário subalterno no serviço público indiano; a mãe, de ascendência francesa, era filha de um malsucedido negociante de teca na Birmânia (atual Mianmar). Após retornar com os pais para a Inglaterra, foi enviado em 1911 a um internato no litoral de Sussex. Em vez de se matricular numa universidade, preferiu seguir a tradição familiar e, em 1922, mudou-se para a Birmânia a fim de ocupar o cargo de vice-superintendente distrital da Polícia Imperial Indiana.

Em 1927, Orwell, então gozando de licença na Inglaterra, decidiu não retornar à Birmânia. Em 1º de janeiro de 1928, tomou a decisão de se demitir da Polícia Imperial. A repulsa de Orwell ao imperialismo levou-o não só a rejeitar para si o modo de vida burguês, como também a uma reorientação política. Logo após voltar da Birmânia, passou a se considerar anarquista e assim continuou por vários anos; durante a década de 1930, contudo, começou a se definir como socialista.

Quando eclodiu a Segunda Guerra Mundial, Orwell, incapacitado para o serviço militar, tornou-se um dos responsáveis pelos programas radiofônicos do Serviço Indiano da BBC. Em 1943, deixou a BBC e virou editor de literatura no jornal socialista *Tribune*.

Orwell considerava *A Fazenda dos Animais*, publicado em 1944, como seu grande avanço, a obra que unia seus talentos como romancista e seu engajamento como escritor político. "*A Fazenda dos Animais* foi o primeiro livro em que, com plena consciência do que fazia, tentei amalgamar intenção política e intenção artística numa mesma unidade", escreveu. A novela, no entanto, acabou sendo ofuscada por seu livro derradeiro, *1984*, publicado em 1949, romance monumental que escreveu após anos de meditação sobre as ameaças do nazismo e do stalinismo.

O alerta de Orwell sobre os perigos do totalitarismo causou forte impressão em seus contemporâneos e nos seus leitores subsequentes, e tanto o título do livro como as palavras e expressões cunhadas pelo autor viraram termos correntes para os modernos abusos políticos. Orwell escreveu as páginas finais de *1984* numa casa remota, na ilha de Jura, nas Hébridas. Lá ele trabalhou febrilmente entre períodos internado por causa de uma tuberculose pulmonar, que o levou à morte em 21 de janeiro de 1950, em um hospital de Londres, aos 46 anos.

George Orwell

Por que escrevo e outros ensaios

Tradução de
CLAUDIO MARCONDES

3ª reimpressão

Copyright da seleção © 2021 by Penguin-Companhia das Letras

Grafia atualizada segundo o Acordo Ortográfico da Língua Portuguesa de 1990, que entrou em vigor no Brasil em 2009.

Penguin and the associated logo and trade dress are registered and/or unregistered trademarks of Penguin Books Limited and/or Penguin Group (USA) Inc. Used with permission.

Published by Companhia das Letras in association with Penguin Group (USA) Inc.

TÍTULOS ORIGINAIS
Why I Write, Politics and the English Language, Books v. Cigarettes, The Lion and the Unicorn: Socialism and the English Genius

PREPARAÇÃO
Willian Vieira

REVISÃO
Huendel Viana
Márcia Moura

Dados Internacionais de Catalogação na Publicação (CIP)
(Câmara Brasileira do Livro, SP, Brasil)

Orwell, George, 1903-1950.
 Por que escrevo e outros ensaios / George Orwell ; tradução de Claudio Marcondes. — 1ª ed. — São Paulo: Penguin-Companhia das Letras, 2021.

 Título original: Why I Write, Politics and the English Language, Books v. Cigarettes, The Lion and the Unicorn: Socialism and the English Genius.
 ISBN 978-85-8285-129-6

 1. Ensaios ingleses I. Título

20-51709 CDD-824.3

Índice para catálogo sistemático:
1. Ensaios ingleses 824.3

Cibele Maria Dias — Bibliotecária — CRB-8/9427

Todos os direitos desta edição reservados à
EDITORA SCHWARCZ S.A.
Rua Bandeira Paulista, 702, cj. 32
04532-002 — São Paulo — SP
Telefone: (11) 3707-3500
www.penguincompanhia.com.br
www.blogdacompanhia.com.br
www.companhiadasletras.com.br

Sumário

Por que escrevo   9
Política e a língua inglesa   21
Livros vs. cigarros   41
O leão e o unicórnio: O socialismo e o gênio inglês   47

Por que escrevo
e outros ensaios

Por que escrevo

Desde muito pequeno, talvez com cinco ou seis anos de idade, eu sabia que devia ser escritor quando crescesse. Mais ou menos entre dezessete e 24 anos, tentei abandonar essa ideia, mas o fiz consciente de que estava ultrajando minha verdadeira natureza e que mais cedo ou mais tarde teria de me conformar e escrever livros.

Eu era o irmão do meio dentre três, mas havia um intervalo de cinco anos entre cada um de nós, e mal conheci o meu pai antes dos oito anos. Por este e outros motivos, eu era um tanto solitário, e logo desenvolvi maneirismos desagradáveis que me tornaram impopular durante meus tempos de escola. Eu tinha o hábito, típico de crianças solitárias, de inventar histórias e conversar com pessoas imaginárias, e creio que desde o princípio minhas ambições literárias estiveram mescladas ao sentimento de estar isolado e ser subestimado. Eu sabia que tinha facilidade com as palavras e uma capacidade de encarar fatos desagradáveis, e sentia que isso criava uma espécie de mundo particular no qual eu podia me desforrar do fracasso no cotidiano. No entanto, o volume de textos sérios — isto é, com pretensões sérias — que produzi durante toda a infância e a adolescência não ultrapassa meia dúzia de páginas. Escrevi meu primeiro poema aos quatro ou cinco anos de idade, com a minha mãe anotando o que eu ditava. Não me recordo de nada a respeito dele, a não ser que era sobre um tigre, e este tinha "dentes iguais a uma cadeira" — uma frase até razoável, mas creio que o poema não passava de um plágio do "Tigre Tigre" de Blake. Aos onze anos, quando eclodiu a guerra de 1914- -8, escrevi um poema patriótico que foi publicado no jornal local, bem como um outro, dois anos depois, sobre a morte de Kitchener.[1] Vez por outra, já um pouco mais velho, eu escrevia "poemas sobre a natureza" ruins, em geral inacabados, em estilo georgiano. Também tentei, por duas vezes, escrever um conto que se revelou um fracasso medonho. A isso se restringiu a obra pretensamente séria que de fato coloquei no papel durante todos esses anos.

Contudo, ao longo desse período eu me engajei, de certo modo, em atividades literárias. Para começar, havia as redações obrigatórias que produzia com rapidez, facilidade e sem grande prazer pessoal. Além das tarefas escolares, também compus alguns *vers d'occasion*, poemas semicômicos que eu produzia com o que hoje me parece uma velocidade assombrosa — aos catorze anos, escrevi uma peça toda rimada, à maneira de Aristófanes, em cerca de uma semana — e ajudei a editar revistas escolares, tanto impressas como manuscritas. Tais revistas eram a coisa mais deplorável e burlesca que se possa imaginar, e exigiam um esforço bem menor do que hoje me demanda o jornalismo mais reles. Mas, paralelamente a tudo isso, durante quinze anos ou mais, eu me dediquei a um exercício literário de tipo bem diverso: a invenção de um "relato" contínuo sobre mim mesmo, uma espécie de diário que só existia na minha cabeça. Creio que esse é um hábito comum nas crianças e nos adolescentes. Ainda pequeno, eu costumava imaginar que era, digamos, Robin

---

[1] Horatio Herbert Kitchener (1850-1916), militar e administrador colonial britânico, famoso por sua atuação na segunda Guerra dos Bôeres (1899-1902). No início da Primeira Guerra Mundial, era secretário da Guerra do Reino Unido. (N. T.)

Hood, e me via como o herói de aventuras emocionantes, mas não demorou para que o meu "relato" deixasse de ser tão toscamente narcisista e virasse cada vez mais uma mera descrição do que eu fazia e das coisas que via. Durante minutos esse tipo de coisas ficava passando pela minha cabeça: "Ele escancarou a porta com ímpeto e entrou no quarto. Um raio de sol, filtrado pelas cortinas de musselina, caía oblíquo sobre a mesa, onde havia uma caixa de fósforos semiaberta ao lado do tinteiro. Com a mão direita no bolso, ele se aproximou da janela. Lá fora, na rua, uma gata malhada perseguia uma folha morta" etc. etc. Esse hábito continuou até mais ou menos os 25 anos, ao longo de todos os meus anos não literários. Embora tivesse de buscar, e eu realmente buscava, as palavras certas, eu parecia me dedicar a esse esforço descritivo quase contra a vontade, movido por uma espécie de compulsão externa. O "relato", suponho, devia refletir os estilos dos vários escritores que admirei em cada época, mas até onde me lembro sempre havia a mesma e meticulosa qualidade descritiva.

Por volta dos dezesseis anos, descobri de repente o prazer das palavras enquanto tais, isto é, dos sons e associações das palavras. Os versos do *Paraíso perdido*,

> Então elle em difícil e dura labuta
> Seguiu adiante: elle em difícil labuta,[2]

que hoje não me parecem tão maravilhosos assim, provocavam arrepios na minha espinha; e aquela grafia antiga era um deleite adicional. Quanto à necessidade de descrever as coisas, eu já sabia tudo a respeito. Portanto, é evidente o tipo de livros que eu queria escrever,

---

2 John Milton (1608-74), *Paraíso perdido*, livro II, vv. 1021-2: "*So hee with difficulty and labour hard/ Moved on: with difficulty and labour hee*". (N. T.)

se é que se podia dizer que eu queria escrever livros na época. Queria escrever enormes romances naturalistas com finais infelizes, repletos de descrições detalhadas e símiles arrebatadores, e também com muitos trechos rebuscados nos quais as palavras seriam usadas apenas por sua sonoridade. E de fato o primeiro romance que concluí, *Dias na Birmânia*, que escrevi aos trinta anos mas concebi muito antes, é bem esse tipo de livro.

Forneço aqui esses antecedentes todos porque não acho possível avaliar os motivos de um escritor sem conhecer alguma coisa do seu desenvolvimento inicial. Seu tema será determinado pela época em que vive — isso vale, ao menos, para épocas tumultuosas e revolucionárias como a nossa —, mas antes mesmo de começar a escrever, ele terá adquirido uma atitude emocional da qual jamais conseguirá escapar por completo. É sua tarefa, sem dúvida, disciplinar o próprio temperamento e evitar ficar preso numa etapa imatura, num estado de ânimo vicioso; porém, se abandonar totalmente as suas primeiras influências, ele vai acabar matando seu impulso de escrever. Deixando de lado a necessidade de ganhar a vida, creio que há quatro grandes motivos para escrever, ao menos para escrever prosa. Eles existem em graus distintos em todo escritor, e em cada um deles as proporções variam de um momento a outro, de acordo com a atmosfera em que está vivendo. São os seguintes:

1) Puro egoísmo. O desejo de ser visto como inteligente, de ser tema de conversas alheias, de ser lembrado após a morte, de se vingar dos adultos que o desdenharam na infância etc. etc. É um engano fingir que isso não é um motivo, e dos fortes. Os escritores partilham essa característica com cientistas, artistas, políticos, advogados, soldados, empresários bem-sucedidos — em resumo, com toda a nata da humanidade. A grande massa dos seres humanos não é incisivamente egoísta. Depois dos trinta anos, mais ou menos, eles abandonam quase

por completo o sentimento de que são indivíduos — e passam a viver sobretudo para os outros, quando não acabam simplesmente soterrados pela rotina enfadonha. Mas há também uma minoria de pessoas talentosas e obstinadas que está decidida a viver plenamente a vida, e é a esta classe que pertencem os escritores. Os escritores sérios, eu diria ainda, são em sua maioria mais vaidosos e autocentrados do que os jornalistas, embora menos interessados em dinheiro.

2) Entusiasmo estético. A percepção da beleza no mundo externo, ou, por outro lado, nas palavras e em sua disposição correta. O prazer com o impacto de um som no outro, com a firmeza da boa prosa ou com o ritmo de uma boa narrativa. O desejo de compartilhar uma experiência que se considera valiosa e que não se deveria perder. O motivo estético é muito tênue em muitos escritores, mas até mesmo um panfletário ou um redator de manuais tem predileção por certos termos e expressões, que o atraem por razões não utilitárias; ou ele pode ter opiniões fortes a respeito da tipografia, da largura das margens etc. Acima do nível de um guia ferroviário, nenhum livro é totalmente desprovido de considerações estéticas.

3) Impulso histórico. O desejo de ver as coisas como são, de descobrir os fatos tal como ocorreram e preservá-los para a posteridade.

4) Propósito político — com o termo "político" empregado no sentido mais amplo possível. O desejo de impelir o mundo em certa direção, de alterar a concepção dos outros quanto ao tipo de sociedade que deveriam almejar. De novo, nenhum livro é genuinamente isento de viés político. A opinião de que a arte não deveria ter nada a ver com a política é, em si mesma, uma atitude política.

Pode-se perceber como esses vários impulsos batalham uns com os outros, e como oscilam de pessoa para pessoa e de uma época a outra. Por natureza — assumindo que "natureza" seja o estado que se alcança ao chegar à maturidade —, sou uma pessoa na qual os três primeiros motivos prevaleceriam sobre o quarto. Numa época pacífica, eu poderia ter escrito livros ornamentais ou meramente descritivos, e permanecido quase inconsciente das minhas lealdades políticas. Mas acabei sendo obrigado a virar uma espécie de panfletário. Primeiro, passei cinco anos em uma profissão inadequada (na Polícia Imperial Indiana, na Birmânia), e depois experimentei a pobreza e o sentimento de fracasso. Isso aumentou o meu ódio natural pela autoridade e, pela primeira vez, fez com que me tornasse plenamente ciente da existência das classes trabalhadoras; e o trabalho na Birmânia já me permitira alguma compreensão da natureza do imperialismo: mas essas experiências não foram suficientes para me proporcionar uma orientação política definida. Então vieram Hitler, a Guerra Civil Espanhola etc. Até o final de 1935 eu ainda não havia adotado uma decisão firme. Lembro-me de um pequeno poema que escrevi na época, expressando o meu dilema:

> Bem poderia ter sido um vigário feliz
> Duas centenas de anos atrás
> Pregando o juízo final
> E vendo crescer as minhas nogueiras;
>
> Mas nascido, ai!, em tempos ruins,
> Perdi esse refúgio plácido,
> Pois cresceram-me pelos sobre o lábio
> E os clérigos são todos escanhoados.
>
> Ainda depois, em tempos melhores,
> Éramos fáceis de contentar,
> Embalamos pensamentos inquietos
> Nos regaços das árvores.

Em total ignorância ousamos admitir
As alegrias que ora dissimulamos;
O verdilhão no ramo da macieira
Conseguia abalar os meus inimigos.

Mas ventres de moças e damascos,
Rútilos num regato sombreado,
Cavalos, patos voando no alvorecer,
Tudo não passa de um sonho.

De novo é proibido sonhar;
Mutilamos nossas alegrias ou as ocultamos;
Os cavalos são feitos de aço e cromo
E montados por homenzinhos gorduchos.

Sou a larva que nunca se transmudou,
O eunuco sem harém;
Entre o sacerdote e o comissário,
Caminho como Eugene Aram;[3]

E o comissário profere a minha sina
Enquanto o rádio toca,
Mas o sacerdote acenou com um Austin Seven,[4]
Pois Duggie sempre paga.[5]

---

3 Eugene Aram (1704-59), filólogo inglês condenado e executado por assassinato, é tema de uma balada de Thomas Hood (1799--1845), cujos últimos versos são "*Two stern-faced men set out from Lynn,/ Through the cold and heavy mist;/ And Eugene Aram walked between,/ With gyves upon his wrist*" ["Dois homens carrancudos vieram de Lynn,/ Através da névoa fria e espessa;/ E Eugene Aram caminhou entre eles,/ com grilhões nos pulsos"]. (N. T.)
4 "Austin Seven": modelo de carro popular produzido no Reino Unido de 1922 a 1939. (N. T.)
5 Referência ao anúncio de uma conhecida casa de apostas em Londres, a Douglas Stuart (ou Stewart). (N. T.)

Sonhei que habitava salões de mármore,
E ao acordar vi que era assim mesmo;
Não nasci para uma época como esta;
Mas e o Smith? E o Jones? E você?[6]

A guerra na Espanha e outros eventos em 1936-7 pesaram na balança e, depois disso, já sabia minha posição. Todas as linhas das obras sérias que escrevi a partir de 1936 foram escritas, direta ou indiretamente, *contra* o totalitarismo e *a favor* do socialismo democrático, tal como eu o entendo. Parece-me sem sentido, numa época como a nossa, pensar que alguém possa evitar escrever sobre esses temas. Todo mundo escreve sobre eles, de uma forma ou de outra. É só questão de saber de que lado se está e qual abordagem se adota. E quanto mais se tem consciência do próprio viés político, maior é a

---

6 "*A happy vicar I might have been/ Two hundred years ago,/ To preach upon eternal doom/ And watch my walnuts grow// But born, alas, in an evil time,/ I missed that pleasant haven,/ For the hair has grown on my upper lip/ And the clergy are all clean-shaven.// And later still the times were good,/ We were so easy to please,/ We rocked our troubled thoughts to sleep/ On the bosoms of the trees.// All ignorant we dared to own/ The joys we now dissemble;/ The greenfinch on the apple bough/ Could make my enemies tremble.// But girls' bellies and apricots,/ Roach in a shaded stream,/ Horses, ducks in flight at dawn,/ All these are a dream.// It is forbidden to dream again;/ We maim our joys or hide them;/ Horses are made of chromium steel/ And little fat men shall ride them.// I am the worm who never turned,/ The eunuch without a harem;/ Between the priest and the commissar/ I walk like Eugene Aram;// And the commissar is telling my fortune/ While the radio plays,/ But the priest has promised an Austin Seven,/ For Duggie always pays.// I dreamed I dwelt in marble halls,/ And woke to find it true;/ I wasn't born for an age like this;/ Was Smith? Was Jones? Were you?*" (N. T.)

possibilidade de atuar politicamente sem sacrificar sua integridade estética e intelectual.

O que eu mais quis fazer ao longo dos últimos dez anos foi transformar a escrita de textos políticos em uma arte. Meu ponto de partida é sempre um sentimento de partidarismo, um senso de injustiça. Quando me sento para escrever um livro, não digo a mim mesmo: "Vou produzir uma obra de arte". Eu escrevo porque há uma mentira que quero expor, algum fato para o qual quero chamar a atenção, e a minha preocupação inicial é conseguir ser ouvido. Porém, não poderia levar adiante a tarefa de escrever um livro, ou mesmo um artigo longo para uma revista, se isso não fosse também uma experiência estética. Todo aquele que se der ao trabalho de examinar minha obra vai constatar que, mesmo quando se trata de propaganda explícita, ela contém muita coisa que um político profissional consideraria irrelevante. Não sou capaz de, e nem quero, abdicar por completo da visão de mundo que adquiri na infância. Enquanto estiver vivo e bem, vou continuar a ter convicções firmes quanto ao estilo da prosa, a amar a superfície da Terra e a ter prazer com objetos sólidos e restos de informações inúteis. Não adianta eu tentar suprimir este aspecto de mim. A tarefa é a de reconciliar as minhas arraigadas predileções e aversões com as atividades essencialmente públicas e não individuais que esta época impõe a todos nós.

Não é fácil. Isso levanta problemas de construção e de linguagem, e traz à tona, de uma maneira nova, o problema da veracidade. Permitam-me mencionar apenas um exemplo do tipo mais grosseiro de dificuldade que vem à tona. Meu livro sobre a Guerra Civil Espanhola, *Homenagem à Catalunha*, é sem dúvida francamente político, mas de maneira geral foi escrito com certo distanciamento e certa atenção à forma. Eu realmente me empenhei muito para contar toda a verdade sem violar meus instintos literários. Mas, entre outras coisas, há nele um longo capítulo, recheado de citações de jornais e coisas do gênero, defendendo os trotskistas que estavam sendo acusados de conspirar com Franco. Era evidente que um capítulo assim, que após um ou dois anos deixaria de ter interesse para o leitor comum, acabaria por arruinar o livro. Um crítico que respeito chegou a me fazer uma preleção sobre isso. "Por que você incluiu todo esse material?", disse. "Você transformou em jornalismo o que poderia ter sido um bom livro." O que ele disse era verdade, mas eu não poderia ter feito de outro modo. Acontece que tomei conhecimento — conhecimento que pouquíssimas pessoas na Inglaterra vieram a ter — de que homens inocentes estavam sendo falsamente acusados. Se não tivesse enfurecido com aquilo, eu jamais teria escrito o livro.

De uma forma ou de outra, esse é um problema recorrente. O problema da linguagem é mais sutil e exigiria uma discussão longa demais. Vou apenas dizer que, nos últimos anos, tentei escrever de forma menos pitoresca e mais exata. Seja como for, acredito que, no momento em que uma pessoa domina qualquer estilo de escrita, ela já o superou. *A Fazenda dos Animais* foi o primeiro livro no qual tentei, com plena ciência do que estava fazendo, fundir os propósitos políticos e os artísticos em uma unidade. Faz sete anos que não escrevo romance algum, mas espero fazê-lo muito em breve. Está destinado a ser um fracasso, todo livro é um fracasso, mas ao menos tenho certa clareza sobre o tipo de livro que quero escrever.

Relendo estas últimas páginas, noto que posso ter dado a entender que os meus motivos para escrever são exclusivamente voltados para o interesse público. Não é esta, porém, a impressão final que gostaria de deixar. Todos os escritores são vaidosos, egoístas e preguiçosos, e bem no fundo de seus motivos há sempre um mistério. Escrever um livro é uma luta horrível e exaustiva, como o longo acesso de uma enfermidade dolorosa. Ninguém empreenderia nada do tipo se não fosse impelido por algum demônio ao qual não se pode resistir nem tampouco compreender. Até onde se sabe, esse demônio é simplesmente o mesmo instinto que leva um bebê a berrar por atenção. E, no entanto, também é verdade que não se pode escrever nada legível a não ser que se lute constantemente para apagar a nossa própria personalidade. A boa prosa é como a vidraça numa janela. Não posso afirmar ao certo quais dos meus motivos são os mais fortes, mas sei qual deles merece ser seguido. Examinando em retrospecto a minha obra, percebo que toda vez que me faltou propósito *político*, acabei por escrever livros sem vida e fui traído por trechos floreados, frases sem sentido, adjetivos ornamentais e enganos em geral.

(1946)

Política e a língua inglesa

A maioria das pessoas que se preocupa em absoluto com o tema admitiria que a língua inglesa está em má situação, mas em geral se supõe que não há nada que possamos conscientemente fazer a respeito. Nossa civilização está decadente, e a nossa linguagem — essa é a argumentação — inevitavelmente partilha do colapso geral. Em consequência, qualquer luta contra o abuso da linguagem não passaria de um arcaísmo sentimental, como preferir as velas à luz elétrica, ou os cabriolés aos aviões. Por trás disso está a crença semiconsciente de que a linguagem é um produto natural, e não um instrumento que conformamos aos nossos propósitos.

Ora, é claro que o declínio de uma língua deve ter, em última análise, causas políticas e econômicas: não se explica simplesmente pela má influência desse ou daquele escritor individual. Mas um efeito pode se tornar uma causa, reforçando a causa original e produzindo o mesmo efeito de forma intensificada, e assim por diante indefinidamente. Um homem pode começar a beber por se considerar um fracasso, e então se tornar um fracasso ainda mais completo por causa da bebida. É bem isso o que ocorre com a língua inglesa. Ela se torna feia e imprecisa porque nossos pensamentos são tolos, mas o desleixo de nossa linguagem torna mais fácil termos pensamentos tolos. O crucial é que se trata de um processo reversível. O inglês moderno, em especial o inglês escrito, está repleto de maus hábitos que se disseminam por imitação e que podem ser evitados caso se esteja disposto a se dar ao trabalho. Quem se livra desses hábitos consegue pensar com mais clareza, e pensar com clareza é o primeiro passo indispensável para a regeneração política; portanto, a luta contra o inglês ruim não é uma frivolidade e não é uma preocupação exclusiva de escritores profissionais. Retomarei esse ponto em breve, quando espero que o significado do que disse até aqui se torne mais claro. Enquanto isso, eis as cinco amostras do idioma inglês tal como hoje costuma ser escrito.

Estes trechos não foram selecionados por serem especialmente ruins — se quisesse, eu poderia ter citado outros bem piores —, mas por ilustrarem muitos dos vícios mentais de que hoje padecemos. Eles ficam um pouco abaixo da média, mas são exemplos razoavelmente representativos. Vou numerá-los para que possa remeter a eles quando necessário:

1) "Não tenho certeza, na verdade, de que não seja legítimo afirmar que o Milton que antes não se distinguia tanto de um Shelley do século XVII não tenha acabado por se tornar, devido a uma experiência cada vez mais amarga ano após ano, mais alheio (sic) ao fundador dessa seita jesuítica que nada o induziria a tolerar." (Professor Harold Laski, *Essay in Freedom of Expression*)

2) "Acima de tudo, não devemos semear a confusão com uma bateria nativa de expressões idiomáticas que prescreve colocações de vocábulos tão famigeradas quanto, no [Inglês] Básico, 'conformar-se com' em vez de 'tolerar' ou 'pôr a perder' em vez de 'desorientar'." (Professor Lancelot Hogben, *Interglossa*)

3) "De um lado temos a personalidade livre; por defini-

ção, ela não é neurótica, pois não tem nem conflito nem sonho. Seus desejos, tal como existem, são transparentes, pois não passam daquilo que a aprovação institucional mantém na superfície da consciência; outro padrão institucional alteraria a quantidade e a intensidade desses desejos; pouco há neles de natural, irredutível ou culturalmente perigoso. *Por outro lado*, entretanto, o vínculo social em si nada mais é do que o reflexo mútuo dessas integridades autodeterminadas. Recordemos a definição de amor. Não se encontra aí a própria imagem de um acadêmico sem importância? Nesse salão de espelhos, onde há lugar para a personalidade ou para a fraternidade?" (*Essay on Psychology in Politics*, Nova York)

4) "Todos os 'excelentes membros' dos clubes de cavalheiros, e todos os desvairados capitães fascistas, unidos no ódio comum ao socialismo e ao horror bestial da maré montante do movimento revolucionário de massa, recorreram aos atos de provocação, à vil piromania, às lendas medievais de poços envenenados, para legitimar a própria destruição das organizações proletárias e incitar a pequena burguesia inquieta a um frenesi chauvinista em nome da luta contra a via revolucionária como saída da crise." (Panfleto comunista)

5) "Se se deseja infundir um novo espírito a este velho país, há que se enfrentar uma reforma espinhosa e contenciosa, ou seja, a humanização e a galvanização da BBC. Aqui, a timidez vai refletir o câncer e a atrofia da alma. O coração da Grã-Bretanha pode ser saudável e bater forte, por exemplo, mas o rugido do leão britânico atualmente mais parece o de Bottom, em *Sonho de uma noite de verão*, de Shakespeare — tão suave como o arrulho de uma pomba. Uma nova Grã-Bretanha viril não pode continuar indefinidamente a se traduzir aos olhos, ou antes, aos ouvidos do mundo pelos langores

efeminados de Langham Place, ostensivamente disfarçados de "inglês padrão". Quando a Voz da Inglaterra soa às nove horas, seria muito melhor, e infinitamente menos ridículo, ouvir a língua de todo dia honestamente pronunciada do que os atuais zurros presunçosos, inflados, pudicos e metidos a besta por parte de inocentes e timoratas donzelas miadoras." (Carta ao *Tribune*)

Cada um desses trechos tem suas próprias deficiências, mas, descontando a deselegância evitável, duas características são comuns a todos. A primeira é o ranço das imagens; a outra é a falta de precisão. Ou o escritor tem o que dizer e não consegue se expressar, ou inadvertidamente diz outra coisa, ou, ainda, mostra-se quase indiferente quanto ao fato de suas palavras terem ou não algum significado. Essa mescla de inexatidão e pura incompetência é a marca mais evidente da prosa moderna em inglês, e sobretudo de qualquer tipo de texto político. Assim que certos temas são abordados, o concreto se dissolve no abstrato e ninguém parece ser capaz de recorrer a expressões que não sejam gastas: a prosa consiste cada vez menos em *palavras* escolhidas pelo que significam, e cada vez mais em *frases* engatadas umas nas outras como os módulos de um galinheiro pré-fabricado. Eu listo a seguir, com notas e exemplos, vários dos truques com os quais se costuma evitar o trabalho de elaboração da prosa:

Metáforas moribundas. Uma metáfora recém-inventada ajuda o pensamento ao evocar uma imagem visual, ao passo que uma metáfora que está tecnicamente "morta" (por exemplo, *iron resolution* [resolução férrea]) na realidade volta a ser um termo comum e pode em geral ser empregada sem perda de vivacidade. Porém, entre esses dois tipos há um enorme monturo de metáforas gastas, que perderam toda força evocativa e somente são usadas porque poupam às pessoas o esforço de inventar as próprias frases. Por exemplo: *ring the changes on* [dar uma repaginada em], *take up the cudgels for* [tomar as dores de], *toe the line* [entrar na linha], *ride roughshod over* [passar por cima de], *stand shoulder to shoulder with* [ficar ombro a ombro com], *play into the hands of* [fazer o jogo de], *no axe to grind* [não ter do que reclamar], *grist to the mill* [ser uma mão na roda], *fish in troubled waters* [pescar em águas turvas], *rift within the lute* [andar às turras com], *on the order of the day* [na ordem do dia], *achille's heel* [calcanhar de aquiles], *swan song* [canto do cisne], *hotbed* [viveiro]. Muitas delas são empregadas sem conhecimento do seu significado (o que são "turras", por exemplo?) e metáforas incompatíveis são mescladas com frequência, um sinal claro de que o escritor não se interessa pelo que está dizendo. Algumas metáforas hoje correntes tiveram o significado original a tal ponto distorcido que os seus usuários nem sequer se dão conta disso. Por exemplo, *toe the line* [entrar na linha] por vezes é escrita como *tow the line* [arrastar a linha]. Outro exemplo é *the hammer and the anvil* [o martelo e a bigorna], agora sempre usado com a implicação de que a bigorna leva a pior. Na vida real é sempre a bigorna que trinca o martelo, e nunca o contrário: um escritor que parasse para pensar no que diz teria consciência disso, e evitaria deturpar a frase original.

Operadores, ou próteses verbais. Estas poupam o trabalho de escolher verbos e substantivos apropriados e, ao mesmo tempo, recheiam cada frase com sílabas adicionais que lhe dão uma aparência de simetria. Frases típicas disso são: *render inoperative* [tornar inoperante], *militate against* [militar contra], *prove unacceptable* [comprovar-se inaceitável], *make contact with* [estabelecer contato com], *be subject to* [estar sujeito a], *give rise to* [dar margem a], *give grounds for* [dar motivo para], *have the effect of* [ter o efeito de], *play a leading part (role) in* [desempenhar papel principal em], *make itself felt* [fazer-se sentir], *take effect* [ter lugar], *exhibit a tendency to* [revelar uma tendência a], *serve the purpose of* [servir ao propósito de] etc. etc. Crucial aqui é a eliminação de verbos simples. Em vez de ser uma única palavra, como *break, stop, spoil, mend, kill*, o verbo vira uma *locução*, composta de um substantivo ou um adjetivo acrescentados a verbos de uso geral, como *prove, serve, form, play, render*. Além disso, sempre que possível é utilizada a voz passiva em vez da ativa, e as construções nominais em vez dos gerúndios (*by examination of* [por meio do exame de] em vez de *examining* [examinando]). A amplitude dos verbos é ainda mais restrita por meio de sufixos e prefixos como "-izar" e "de-", e afirmações banais ganham aparência de profundidade por meio de duplas negações, como "não in-". Conjunções e preposições simples são substituídas por expressões como *with respect to* [no que se refere a], *having regard to* [levando em conta que], *the fact that* [o fato de que], *by dint of* [à força de], *in view of* [em vista de], *in the interests of* [no interesse de], *on the hypothesis that* [na hipótese de]; e evita-se o anticlímax nos finais de frase graças a lugares-comuns retumbantes como *greatly to be desired* [por mais que se queira], *cannot be left out of account* [não há como desconsiderar], *a development to be expected in the near future* [resultado a se esperar no futuro próximo], *deserving of serious consideration* [merecedor de séria consideração], *brought to a satisfactory conclusion* [levado a uma conclusão satisfatória], e assim por diante.

Dicção pretensiosa. Palavras como *phenomenon, element, individual, objective, categorical, effective, virtual, basic, primary, promote, constitute, exhibit, exploit, utilize, eliminate, liquidate* servem para ornamentar afirmações simples e conferir um ar de imparcialidade científica a juízos tendenciosos. Adjetivos como *epoch--making* [memorável], *epic, historic, unforgettable* [inesquecível], *triumphant, old-age* [vetusto], *inevitable, inexorable* [inexorável], *veritable* [autêntico] são empregados para dignificar os procedimentos sórdidos da política internacional, ao passo que os textos que almejam glorificar a guerra geralmente adquirem um matiz arcaico, cujos termos característicos são: *realm* [domínio], *throne* [trono], *chariot* [carruagem], *mailed fist* [punho de ferro], *trident* [tridente], *sword* [espada], *shield* [escudo], *buckler* [broquel], *banner* [estandarte], *jackboot* [tacão], *clarion* [clarim]. Palavras e expressões estrangeiras, como *cul de sac*, Ancien Régime, *deus ex machina, mutatis mutandis, status quo, Gleichschaltung, Weltanschauung,* são usadas para passar uma impressão de cultura e refinamento. Com exceção de abreviaturas úteis, como *i.e. [id est,* "isto é"], *e.g. [exempli gratia,* "por exemplo"] etc., não há nenhuma necessidade real das centenas de expressões estrangeiras hoje correntes em inglês. Escritores ruins, e sobretudo escritores de textos científicos, políticos e sociológicos, quase sempre são obcecados pela noção de que os termos derivados do latim ou do grego são mais grandiloquentes que os de origem saxônica, e palavras desnecessárias como *expedite* [expedir], *ameliorate* [aperfeiçoar], *predict* [predizer], *extraneous* [estranho, alheio], *deracinated* [desenraizado], *clandestine* [clandestino], *sub-aqueous* [subaquático] e centenas de outras constantemente tomam o lugar dos seus equivalentes anglo-saxônicos.[1] O jargão peculiar dos textos

---

[1] Uma ilustração disso é o modo pelo qual os nomes até pouco tempo comuns das flores em inglês estão sendo substituídos por termos derivados do grego: a boca-de-leão [*snapdragon*] virou

marxistas (*hyena*, *hangman* [carrasco], *cannibal*, *petty bourgeois* [pequena burguesia], *these gentry* [pequena nobreza], *lackey* [lacaio], *flunkey* [bajulador], *mad dog* [cão raivoso], *White Guard* [Guarda Branca] etc.) consiste largamente em palavras e expressões traduzidas do russo, do alemão e do francês; mas a maneira normal de cunhar um novo termo é usar uma raiz latina ou grega com o afixo adequado e, quando necessário, com a formação "-izar". Com frequência é mais fácil criar palavras desse tipo (*deregionalize* [desregionalizar], *impermissible* [impermissível], *extramarital* [extramarital], *non-fragmentatory* [não fragmentário] e assim por diante) do que achar palavras inglesas que deem conta do sentido que se pretende. O resultado, em geral, é o aumento do desleixo e da imprecisão.

Palavras sem sentido. Em certos tipos de escrita, sobretudo na crítica de arte e na crítica literária, é normal encontrar longos trechos quase que inteiramente desprovidos de sentido.[2] Termos como *romântico*, *plástico*, *valores*, *humano*, *morbidez*, *sentimental*, *natural*, *vitalidade*, como usados na crítica de arte, são estritamente destituídos de significado, uma vez que não apenas não

---

antirrino, a não-me-esqueças [*forget-me-not*] virou miosótis etc. É difícil vislumbrar um motivo prático para tal mudança de preferência; provavelmente, deve-se a uma recusa da palavra mais singela e a um vago sentimento de que o termo em grego é científico. (N. A.)

2 Por exemplo: "Em [Alex] Comfort, a amplitude de percepção e imagem, curiosamente whitmanesca em sua abrangência, quase o exato oposto da compulsão estética, continua a evocar essa insinuação reiterada, instigadora e vacilante, de uma atemporalidade cruel, inexoravelmente serena [...]. Wrey Gardiner acerta ao visar precisamente alvos simples. Ocorre que estes não são tão simples, e por essa tristeza conformada passa mais do que a sugestão agridoce da resignação" (*Poetry Quarterly*). (N. A.)

remetem a nenhum objeto determinável, como tampouco o leitor espera que façam tal coisa. Quando um crítico escreve: "A característica marcante da obra do sr. X é sua vitalidade", ao passo que outro diz: "O que de imediato impressiona na obra do sr. X é a sua peculiar morbidez", o leitor aceita isso como uma simples diferença de opinião. Se estivesse diante de palavras como *preto* e *branco*, em vez de termos de jargão como *morbidez* e *vivacidade*, ele logo veria que a linguagem estava sendo usada de maneira imprópria. Muitos termos políticos sofrem abuso parecido. Atualmente o termo *fascismo* perdeu todo o sentido, exceto na acepção de "algo não desejável". As palavras *democracia, socialismo, liberdade, patriótico, realista, justiça* têm cada qual tantos significados que esses já não podem ser reconciliados entre si. No caso de uma palavra como *democracia*, não só inexiste uma definição consensual como a tentativa de se determinar esse sentido encontra resistência por todos os lados. Considera-se quase universalmente que, quando chamamos um país de "democrático", estamos lhe fazendo um elogio: em consequência, defensores dos mais diversos tipos de regime alegam tratar-se de uma democracia, e temem que seriam obrigados a abandonar o termo caso estivesse associado a um sentido específico. Palavras desse tipo são muitas vezes empregadas de forma conscientemente desonesta. Isto é, aquele que a usa tem a sua própria definição particular, mas permite ao ouvinte imaginar que ele queira dizer alguma coisa bem diferente. Afirmações como *O marechal Pétain era um verdadeiro patriota, A imprensa soviética é a mais livre do mundo, A Igreja católica se opõe à perseguição* quase sempre são feitas com a intenção de enganar. Outras palavras usadas com significados distintos, na maioria dos casos com intuitos mais ou menos desonestos, são: *classe, totalitário, ciência, progressista, reacionário, burguês, igualdade*.

Agora que compilei esse catálogo de embustes e perversões, permitam-me apresentar outro exemplo do tipo de escrita que acarretam. Desta vez, por sua própria natureza trata-se de imaginação. Vou traduzir um trecho em bom inglês para um inglês moderno da pior espécie. Eis um conhecido versículo do Eclesiastes:

> Eu vi ainda debaixo do sol que a corrida não é para os ligeiros, nem a batalha para os fortes, nem o pão para os sábios, nem as riquezas para os inteligentes, nem o favor para os homens de destreza, mas tudo depende do tempo e do acaso.[3]

E, agora, em sua versão moderna:

> A consideração objetiva dos fenômenos contemporâneos compele à conclusão de que o sucesso ou o fracasso em atividades competitivas não exibe uma tendência a ser comensurável à capacidade inata, mas que um elemento significativo de imprevisibilidade deve necessariamente ser levado em conta.

Trata-se de uma paródia, mas não das mais grosseiras. O item 3, elencado anteriormente, por exemplo, contém vários trechos do mesmo tipo de inglês. Convém notar que não fiz uma tradução completa. O início e o final da sentença seguem de perto o sentido original, mas no meio as ilustrações concretas — corrida, batalha, pão — se dissolvem na vaga expressão "o sucesso ou o fracasso em atividades competitivas". Não havia como escapar disso, porque nenhum escritor moderno do tipo que estou discutindo — ninguém capaz de usar frases como "a consideração objetiva dos fenômenos contemporâneos" — jamais catalogaria as suas ideias

3 Ecl 9,11. (N. T.)

dessa maneira precisa e detalhada. Toda a tendência da prosa moderna é se afastar da concretude. Agora analisemos um pouco mais detidamente essas duas frases [em inglês]. A primeira contém 49 palavras mas apenas sessenta sílabas, e todas as palavras são correntes na vida cotidiana. A segunda contém 38 palavras e noventa sílabas: dezoito dessas palavras têm raízes latinas, e uma vem do grego. A primeira frase contém seis imagens vívidas e apenas uma expressão ("do tempo e do acaso") que poderia ser tida como vaga. Já a segunda não traz nem uma única expressão nova e impressionante, e, apesar de suas noventa sílabas, oferece apenas uma versão abreviada do sentido contido na primeira. Contudo, sem a menor dúvida, é o segundo tipo de frase que vem se disseminando no inglês moderno. Não quero exagerar. Esse tipo de texto ainda não é universal, e exemplos de simplicidade ocorrem aqui e ali nas páginas mais mal escritas. Mesmo assim, se você ou eu formos chamados a escrever algumas linhas sobre a incerteza dos destinos humanos, provavelmente acabaríamos nos aproximando muito mais da minha sentença fictícia do que do versículo do Eclesiastes.

Como tentei mostrar, a escrita moderna, em seus piores momentos, não consiste em selecionar palavras por seus significados e inventar imagens a fim de tornar mais claro o que se pretende dizer. Consiste em colar umas às outras longas tiras de palavras que já foram ordenadas por alguém, e tornar o resultado apresentável graças a pura enganação. O que atrai nessa forma de escrever é a facilidade. É mais fácil — e até mais rápido, depois que você se acostuma — dizer *A meu ver, não é uma suposição injustificável afirmar que* do que simplesmente dizer *Acho que*. Ao recorrer a frases feitas, não só não temos de buscar palavras, como também não temos de nos preocupar com o ritmo das frases, uma vez que essas expressões já se dispõem de um modo mais ou menos

eufônico. Quando compomos frases apressadamente —
ao ditar para um estenógrafo, por exemplo, ou ao fazer
um discurso em público —, é natural recair num estilo
pretensioso e latinizado. Expressões como *uma consideração que conviria levar em conta* ou *uma conclusão com a qual todos assentiriam de pronto* salvam muitas frases de terminarem com um tranco. Ao usar metáforas, símiles e expressões gastas, poupa-se muito esforço mental, mas à custa de tornar vago o que se quer dizer, não só para o leitor mas para si mesmo. Esse é o significado das metáforas confusas. O único propósito de uma metáfora é evocar uma imagem visual. Quando essas imagens colidem — como em O *polvo fascista entoou o seu canto do cisne*, ou *meter o tacão no caldeirão cultural* —, é certo que o escritor não está vendo uma imagem dos objetos que nomeia; em outras palavras, ele não está de fato pensando. Retomemos os exemplos que dei no início deste ensaio. O professor Laski (1) usa cinco negações em 53 palavras. Uma delas é supérflua, tirando o sentido do trecho inteiro, e, além disso, há o lapso de *alien* [alheio] em vez de *akin* [afim], o que é uma falta de sentido ainda maior, bem como vários trechos desajeitados e evitáveis que ressaltam a imprecisão geral. O professor Hogben (2) desperdiça uma bateria de expressões passível de ser prescritiva, e, ao mesmo tempo que desaprova a expressão corriqueira *put up with* [conformar-se com], reluta em consultar o termo *egregious* [famigerado] no dicionário e verificar o seu significado. O exemplo (3), adotando-se uma atitude menos complacente, é simplesmente sem sentido: provavelmente conseguiríamos vislumbrar o que pretendia dizer se lêssemos o artigo inteiro do qual foi extraído. No (4), o autor sabe mais ou menos o que quer dizer, mas o acúmulo de expressões gastas acaba por sufocá-lo, como um ralo de pia entupido por folhas de chá. No (5), as palavras e os significados quase nada têm a ver uns com os outros.

Os que escrevem dessa maneira normalmente têm um sentido emotivo geral — antipatizam com alguma coisa e querem expressar simpatia por outra coisa —, mas não mostram interesse pelos detalhes do que estão dizendo. A cada frase que põe no papel, um escritor escrupuloso faz a si mesmo ao menos quatro questões, a saber: O que estou tentando dizer? Que palavras são capazes de expressar isso? Que imagem ou expressão vai tornar isso mais claro? Essa imagem é vívida o bastante para provocar um efeito? E, provavelmente, também vai se preocupar com outras duas questões: é possível ser mais conciso? Será que eu disse algo medonho que poderia ser evitado? Mas ninguém é obrigado a se dar a todo esse trabalho. Você pode se poupar simplesmente deixando a mente aberta e permitindo que ela seja invadida por expressões gastas. Elas vão elaborar sozinhas as frases para você — e, em certa medida, até articular os seus pensamentos — e, se preciso for, cumprirão a importante tarefa de ocultar parcialmente seu sentido, até mesmo de você. É a essa altura que o vínculo especial entre a política e a degradação da linguagem fica claro.

Em nossa época, é amplamente verdadeiro que a escrita de textos políticos é mal escrita. Quando não é o caso, em geral se descobre que o autor é algum tipo de rebelde, que expressa suas próprias opiniões e não uma "linha partidária". A ortodoxia, de qualquer matiz, parece requerer um estilo imitativo e sem vida. Os dialetos políticos que se encontram em panfletos, editoriais, manifestos, Livros Brancos e discursos de subsecretários evidentemente variam de partido para partido, mas todos se assemelham num aspecto: eles quase nunca contêm uma expressão nova, vívida e original. Quando se observa algum político medíocre discursando e repetindo mecanicamente lugares-comuns — *bestial atrocities* [atrocidades selvagens], *iron heel* [tacão de ferro], *blood-stained tyranny* [tirania sanguinária], *free peoples of the world* [povos livres do mundo], *stand shoulder to shoulder* [lutar ombro a ombro] —, tem-se muitas vezes a curiosa sensação de não se estar diante de um ser humano, mas de uma espécie de manequim: uma sensação que de repente se torna mais forte quando a luz reflete nos óculos do orador e os transforma em discos opacos, atrás dos quais parece não haver olhos. E isso não é de todo fantasioso. Um orador que usa esse tipo de fraseologia já está bem perto de se tornar uma máquina. Os ruídos apropriados continuam a sair de sua laringe, mas o seu cérebro não está tão envolvido quanto estaria caso ele próprio escolhesse as palavras. Se o discurso é daqueles que ele costuma repetir uma e outra vez, ele pode estar quase inconsciente do que está dizendo, como se dá quando alguém entoa os responsórios num culto religioso. E esse estado reduzido de consciência, se não indispensável, é de qualquer modo favorável ao conformismo político.

Em nossa época, discursos e escritos políticos são em grande parte a defesa do indefensável. Coisas como a continuação do domínio britânico na Índia, os expurgos e as deportações na Rússia, o lançamento de bombas atômicas no Japão, podem na verdade ser defendidas, mas apenas com argumentos demasiadamente brutais para serem encarados pela maioria das pessoas, e que não são compatíveis com os objetivos professados pelos partidos políticos. Assim, a linguagem política tem de consistir sobretudo em eufemismos, petições de princípio e pura e nebulosa imprecisão. Vilarejos indefesos são bombardeados por ataques aéreos, seus moradores expulsos para o campo, o gado metralhado, as cabanas incineradas por bombas incendiárias: isso é o que se chama de *pacificação*. Milhões de camponeses têm as suas terras roubadas e são impelidos a marchas penosas pelas estradas, levando apenas o que conseguem carregar: isso é chamado de *deslocamento de populações* ou *retifica-*

ção de fronteiras. Pessoas permanecem encarceradas durante anos sem julgamento, ou são executadas com um tiro na nuca, ou enviadas para morrer de escorbuto em campos de trabalho forçado no Ártico: isso é chamado de *eliminação de elementos não confiáveis*. Uma fraseologia assim é indispensável quando se quer nomear as coisas sem evocar imagens mentais delas. Consideremos, por exemplo, algum acomodado professor inglês defendendo o totalitarismo russo. Ele não pode dizer abertamente: "Acredito em aniquilar os adversários sempre que for possível obter bons resultados ao fazê-lo". Por isso, provavelmente, ele vai dizer alguma coisa do tipo:

> Embora admitindo francamente que o regime soviético apresenta determinadas características que os humanitários talvez sejam propensos a deplorar, precisamos, no meu entender, concordar que alguma restrição dos direitos da oposição política é uma concomitância inevitável dos períodos de transição, e que os rigores a que o povo russo foi conclamado a suportar revelaram-se largamente justificados na esfera das realizações concretas.

O estilo afetado é, em si mesmo, uma espécie de eufemismo. Uma massa de palavras de origem latina tomba sobre os fatos como flocos de neve, confundindo as silhuetas e recobrindo todos os detalhes. O grande inimigo da linguagem clara é a insinceridade. Quando há uma lacuna entre os objetivos reais e aqueles declarados, recorre-se, como que instintivamente, a palavras compridas e expressões batidas, como uma lula espirrando tinta. Nos tempos atuais, não há como "manter-se afastado da política". Todas as questões são questões políticas, e a própria política é um aglomerado de mentiras, evasivas, despropósitos, ódios e esquizofrenia. Quando a atmosfera geral é ruim, a linguagem há de sofrer. Não me surpreenderia descobrir — esta é uma conjetura que

não tenho conhecimento suficiente para comprovar —
que as línguas alemã, russa e italiana tenham, nos últimos dez ou quinze anos, sofrido todas uma deterioração
em consequência dos regimes ditatoriais.

Mas, se o pensamento corrompe a linguagem, também
a linguagem pode corromper o pensamento. Um mau uso
pode se difundir por tradição e por imitação, mesmo entre aqueles que deveriam estar aptos a reconhecer tais erros e que de fato o são. A linguagem aviltada que venho
discutindo é, sob alguns aspectos, muito conveniente.
Frases como *a not unjustifiable assumption* [uma suposição não injustificável]; *leaves much to be desired* [deixa
muito a desejar]; *would serve no good purpose* [não leva
a nada de bom] ou *a consideration which we should do
well to bear in mind* [algo que faríamos bem em ter em
mente] são uma tentação permanente, uma caixa de aspirinas sempre ao alcance da mão. Quem reler este ensaio
certamente vai notar que eu mesmo incorri várias vezes
nos mesmíssimos erros contra os quais venho protestando. Na correspondência desta manhã, recebi um panfleto
que trata da situação na Alemanha. O autor me diz que se
"sentiu impelido" a escrevê-lo. Abrindo-o ao acaso, quase que a primeira frase que vejo é a seguinte: "[Os aliados] têm a oportunidade não só de promover uma radical
transformação da estrutura social e política da Alemanha, de modo a evitar uma reação nacionalista na própria
Alemanha, como, ao mesmo tempo, de lançar os fundamentos de uma Europa cooperativa e unificada". Veja só,
ele se "sente impelido" a escrever — sente, presumivelmente, que tem alguma novidade a dizer — e, contudo, as
suas palavras, tal como um tropel de cavalos reagindo ao
toque da corneta, se agrupam automaticamente no mesmo padrão desolador de sempre. Essa invasão da mente
por expressões prontas (*lay the foundations* [lançar os
fundamentos], *achieve a radical transformation* [promover uma transformação radical]) só pode ser evitada se

nos mantivermos em vigilância permanente, e cada uma dessas expressões acaba por anestesiar uma parte do nosso cérebro.

Afirmei antes que a decadência da nossa linguagem provavelmente é remediável. Aqueles que o negam argumentariam, caso apresentassem algum argumento, que a linguagem meramente reflete as condições sociais vigentes, e que não temos como influenciar o seu desenvolvimento por meio de qualquer tipo de experimentação com vocábulos e construções verbais. Em termos de tom ou do espírito geral de uma língua, talvez seja assim, mas o mesmo não vale para os detalhes. Palavras e expressões tolas desaparecem com frequência, não devido a um processo evolutivo, mas sim à atuação deliberada de uma minoria. Dois exemplos recentes são *explore every avenue* [explorar todos os caminhos] e *leave no stone unturned* [não deixar nenhuma pedra revirada], que foram abandonadas após uns poucos jornalistas as ridicularizarem. Há uma longa lista de metáforas rançosas que poderiam igualmente ser descartadas, caso houvesse bastante gente interessada na tarefa; e também deveria ser possível, recorrendo-se à mesma zombaria, eliminar a forma *"não in-"*,[4] para reduzir a quantidade de termos latinos e gregos nas frases corriqueiras, para acabar com as expressões estrangeiras e termos científicos desgarrados, e, em geral, para tornar a pretensiosidade fora de moda. Mas estas são questões menores. A defesa da língua inglesa implica muito mais do que isso, e talvez seja melhor começar dizendo o que ela *não* implica.

Para começar, essa defesa nada tem a ver com arcaísmos, com o resgate de vocábulos e fraseologias obsoletos, ou com o estabelecimento de um "inglês padrão"

---

4 Para se curar do prefixo "in-", nada melhor do que memorizar esta frase: "Um cão não inábil perseguia um coelho não inatento num campo não inculto". (N. A.)

do qual nunca se poderia desviar. Ao contrário, ela se preocupa especialmente em eliminar toda palavra ou expressão que já esgotou a sua utilidade. Nada tem a ver com gramática ou sintaxe corretas, que não têm importância desde que se diga claramente o que se quer dizer, nem com evitar americanismos, ou com o que se costuma chamar de "um bom estilo de prosa". Por outro lado, tal defesa nada tem a ver com uma falsa simplicidade ou com a tentativa de tornar o inglês escrito mais coloquial. Nem sequer implica requerer o uso, em todos os casos, de termos saxônicos no lugar dos latinos, ainda que implique o emprego das palavras mais curtas e na menor quantidade possível para dar conta do que se quer dizer. Acima de tudo é preciso deixar que o sentido determine a palavra, e não o contrário. Na prosa, o pior que podemos fazer com as palavras é nos sujeitarmos a elas. Quando pensamos num objeto concreto, pensamos sem palavras e, em seguida, se quisermos descrever o que visualizamos, provavelmente saímos em busca das palavras exatas que pareçam corresponder a ele. Quando pensamos em algo abstrato, somos mais propensos a usar palavras desde o início e, a menos que façamos um esforço consciente para evitá-lo, o dialeto existente logo se impõe e faz o serviço para nós, ao custo de ofuscar ou mesmo alterar o que queremos dizer. Provavelmente o melhor é evitar o emprego de palavras tanto quanto possível, e esclarecer ao máximo o que queremos dizer por meio de imagens ou sensações. Depois poderemos escolher — e não simplesmente *aceitar* — as frases que melhor vão dar conta do sentido, e então inverter a nossa posição e avaliar os efeitos prováveis das nossas palavras sobre os outros. Este último esforço intelectual elimina todas as imagens gastas ou confusas, todas as expressões pré-fabricadas, as repetições desnecessárias e os enganos e as imprecisões em geral. Mas é comum ficarmos em dúvida quanto ao efeito de uma palavra ou de uma expressão, e precisamos de regras confiáveis quando nos falha o instinto. Creio que as regras seguintes cobrem a maioria dos casos:

a) Nunca use uma metáfora, símile ou outra figura de linguagem que costuma ver impressa.
b) Nunca use uma palavra longa quando uma curta é suficiente.
c) Se é possível eliminar uma palavra, sempre a elimine.
d) Nunca use a forma passiva quando puder usar a ativa.
e) Nunca use uma expressão estrangeira, um termo científico ou de jargão se souber de um equivalente em linguagem corrente.
f) Desrespeite qualquer uma dessas regras antes de cometer algum barbarismo.

Essas regras parecem elementares, e o são, mas exigem uma profunda mudança de atitude em qualquer um habituado a escrever no estilo hoje em voga. Podemos seguir todas elas e ainda assim escrever um péssimo inglês, mas ao menos não vamos escrever nada parecido com os cinco exemplos que mencionei no início deste ensaio. Não estou considerando aqui o uso literário da linguagem, mas meramente a língua como instrumento de expressão, não para ocultar ou impedir o pensamento. Stuart Chase[5] e outros chegaram perto de alegar que todas as palavras abstratas são desprovidas de significado, e usaram isso como pretexto para defender uma espécie de quietismo político. Uma vez que não se sabe o que é o fascismo, como é possível lutar contra ele? Não precisamos engolir tais absurdos, mas temos de reconhecer que o atual caos político está associado à decadência da

---

5 Stuart Chase (1888-1985), economista, teórico social e escritor americano, autor de *The Tyranny of Words* (1938), entre outras obras. (N. T.)

língua, e que provavelmente podemos obter alguma melhoria começando pelo aspecto verbal. Ao simplificarmos o nosso inglês, nos libertamos dos piores disparates da ortodoxia. Não podemos dominar nenhum dos dialetos necessários e, quando fazemos um comentário estúpido, a estupidez se torna óbvia, mesmo para nós próprios. A linguagem política — e, com variações, isto vale para todo o espectro político, dos conservadores aos anarquistas — é concebida para fazer com que as mentiras soem verdadeiras e o assassinato pareça respeitável, e para conferir aparência de solidez ao puro vento. Não há como mudar tudo isso de uma hora para outra, mas podemos ao menos alterar nossos próprios hábitos, e, vez por outra, se a ridicularizarmos em alto e bom som, até pode ser que consigamos mandar alguma dessas expressões gastas e inúteis — *jackboot*, *achille's heels*, *hotbed*, *melting pot* [cadinho], *acid test* [prova dos nove], *veritable inferno* [verdadeiro inferno] ou outro exemplo de sordidez verbal — para a lata de lixo a que pertence.

(1946)

Livros vs. cigarros

Alguns anos atrás, um amigo meu, editor de jornal, estava a postos com alguns operários de fábrica para identificar princípios de incêndio. Acabaram falando sobre o jornal no qual trabalhava, que a maioria deles lia e aprovava, mas quando ele perguntou o que eles achavam da seção literária, ouviu a seguinte resposta: "Você não acha que a gente lê essas coisas, acha? Ora, metade do tempo vocês falam de livros que custam doze xelins e seis pence! Gente como a gente não tem doze xelins e seis pence para gastar num livro". Esses mesmos homens, disse ele, não viam nada demais em gastar várias libras num passeio de um dia a Blackpool.

Essa ideia de que comprar ou mesmo ler livros é um passatempo caro e fora do alcance das pessoas comuns é tão difundida que merece um exame mais detalhado. Exatamente quanto custa a leitura, calculando-se em termos de pence por hora, é difícil estimar, mas dei um primeiro passo inventariando os meus próprios livros e somando os seus preços. Depois de levar em conta várias outras despesas, posso fazer uma conjetura razoavelmente boa do que gastei nos últimos quinze anos.

Os livros que contei e precifiquei são os que tenho aqui comigo, no meu apartamento. Tenho uma quantidade equivalente guardada em outro lugar, portanto vou duplicar o resultado final para chegar à quantia completa. Não contei itens anômalos como provas tipográficas, volumes despedaçados, brochuras baratas, panfletos ou revistas, a não ser quando encadernadas em forma de livro. Tampouco contei velharias sem importância — como livros escolares antigos e coisas do tipo — que se acumulam no fundo dos armários. Contei apenas os livros que comprei voluntariamente, ou que teria comprado voluntariamente, e que pretendo guardar. Nessa categoria descobri que tenho 442 livros, adquiridos da seguinte maneira:

Comprados (quase sempre de segunda mão)	251
Ganhados ou adquiridos com cupons para livros	33
Exemplares para resenhas ou de cortesia	143
Tomados emprestados e não devolvidos	10
Temporariamente emprestados	5
TOTAL	442

Agora, quanto ao método de precificação. Os livros que comprei foram listados com seu preço cheio, com tanta exatidão quanto consigo determinar. Também listei com o preço cheio os livros que ganhei e os que tomei emprestados temporariamente, ou que foram emprestados e não devolvidos. O motivo disso é que as doações, os empréstimos e o furto de livros mais ou menos se equivalem. Possuo livros que, estritamente falando, não me pertencem, mas muita gente também está com livros meus: assim, os livros pelos quais não paguei acabam compensando aqueles pelos quais paguei mas já não possuo. Por outro lado, listei os exemplares para resenhas ou de cortesia com a metade do preço. É perto do que eu teria pago por eles de segunda mão, e são livros que, em sua maioria, eu só teria comprado, caso de fato o fizesse, de segunda mão. Por vezes, ao definir os preços, tive de me basear em conjeturas, mas os meus valores não estão fora do padrão. Os custos foram os seguintes:

	LIBRAS	XELINS	PENCE
Comprados	36	0	0
Recebidos como presentes	10	10	0
Exemplares para resenha etc.	25	11	9
	LIBRAS	XELINS	PENCE
Empréstimos não devolvidos	4	16	9
Tomados emprestados	3	10	0
Estantes	2	0	0
TOTAL	82	17	6

Somando o outro lote de livros que tenho em outro lugar, devo ter aparentemente cerca de novecentos livros no total, a um custo de 165 libras e quinze xelins. Este é o acúmulo de cerca de quinze anos — na verdade mais, uma vez que alguns desses livros datam de minha infância: mas vamos considerar quinze anos. Isso resulta em onze libras e um xelim por ano, mas há outros encargos que precisam ser somados a fim de estimar todas as minhas despesas de leitura. O maior deles é o de jornais e revistas, e para estes creio que oito libras anuais seria uma cifra razoável. Oito libras por ano cobrem o custo de dois jornais diários, um jornal vespertino, dois jornais dominicais, um semanário de resenhas e uma ou duas revistas mensais. Isso eleva a cifra para dezenove libras e um xelim, mas para chegar ao final total é preciso fazer uma conjetura. Obviamente, muitas vezes gastamos com livros sem que isso resulte em qualquer comprovação material. Há as mensalidades de bibliotecas pagas, e também aqueles livros, sobretudo os da Penguin e outras edições baratas, que compramos e depois perdemos ou jogamos fora. No entanto, com base nos meus outros cálculos, parece que seis libras por ano seriam o bastante para acrescentar a esse tipo de gasto. Portanto, a minha despesa total com a leitura nos últimos quinze anos girou em torno de 25 libras anuais.

Vinte e cinco libras por ano parece muita coisa, até que comparamos com outros tipos de gasto. Dá quase nove xelins e nove pence por semana, e, no momento, nove xelins e nove pence equivalem a 83 cigarros (Players): mesmo antes da guerra, com isso seria possível comprar menos de duzentos cigarros. Aos preços atuais, estou gastando bem mais com tabaco do que com livros. Eu fumo seis onças [170 gramas] por semana, a dois xelins e meio por onça, perfazendo quase quarenta libras [dezoito quilos] por ano. Mesmo antes da guerra, quando a onça de tabaco saía por oito pence, eu gastava mais de dez libras nele: e se também consumisse em média um quartilho de cerveja por dia [cerca de meio litro], a seis pence cada um, os dois itens juntos me custariam perto de vinte libras anuais. Provavelmente isso não está muito acima da média nacional. Em 1938, a população deste país gastou quase dez libras anuais per capita em bebidas alcoólicas e tabaco: no entanto, 20% da população era menor de quinze anos, e outros 40% eram mulheres, de modo que o consumidor médio de tabaco e bebida devia gastar bem mais do que dez libras. Em 1944, o gasto anual per capita com esses itens não era inferior a 23 libras. Levando novamente em conta as crianças e as mulheres, quarenta libras é um valor individual razoável. Quarenta libras por ano dariam para pagar um maço de Woodbines por dia e meio quartilho de cerveja seis vezes por semana — nem de longe uma quantia grandiosa. Claro que atualmente todos os preços estão inflacionados, incluindo o preço dos livros: ainda assim, parece que o custo da leitura, mesmo quando você compra os livros em vez de tomá-los emprestados e contabilizando uma quantidade razoavelmente grande de periódicos, não é maior do que o custo somado de fumar e beber.

É difícil estabelecer qualquer relação entre o preço dos livros e o valor que se extrai deles. "Livros" incluem romances, poesia, manuais didáticos, obras de referência, tratados sociológicos e muito mais, e a extensão e o preço das obras não correspondem um ao outro, sobretudo no caso de quem costuma comprar livros de segunda mão. Pode-se gastar dez xelins num poema de quinhentos versos, e pode-se gastar seis pence num dicionário que será consultado de vez em quando durante um período de vinte anos. Há livros que lemos e relemos, livros que se tornam parte integrante de nossa mente e mudam totalmente nossa atitude diante de vida, livros que folheamos mas nunca lemos por inteiro, livros que lemos de uma sentada e dos quais mal lembramos na semana seguinte — e o custo, em termos monetários, pode ser o mesmo em todos esses casos. Mas se a leitura for considerada uma simples recreação, como ir ao cinema, então é possível fazer uma estimativa aproximada do seu custo. Se você não lê nada além de romances e literatura "leve", e compra todos os livros que lê, acabaria gastando — se atribuirmos oito xelins ao preço do livro e quatro horas ao tempo que se gasta lendo-o — dois xelins por hora. É perto do que custa um dos assentos mais caros do cinema. Se você se concentra em livros mais sérios, e também adquire tudo o que lê, a despesa seria quase a mesma. Os livros custariam mais, mas levariam mais tempo para ler. Em ambos os casos, você continuaria possuindo os livros após a leitura, e eles poderiam ser revendidos por cerca de um terço do preço da aquisição. Se você só compra livros de segunda mão, seu gasto com leitura, é claro, seria bem menor: talvez seis pence por hora seja uma estimativa razoável. E, por outro lado, se você nunca compra livros, mas meramente os retira de uma biblioteca paga, a leitura lhe custará cerca de meio pence por hora; se você os retira da biblioteca pública, seu custo é praticamente zero.

O que disse acima basta para mostrar que a leitura é uma das recreações mais baratas de todas: depois de escutar rádio, é provavelmente *a* mais barata. Entretanto, qual é o valor efetivo que o público britânico gasta com livros? Não consegui encontrar quaisquer cifras, ainda que sem dúvida elas existam. Mas sei que, antes da guerra, este país publicava anualmente cerca de 15 mil livros, incluindo reimpressões e livros escolares. Se fossem vendidos cerca de 10 mil exemplares de cada título — o que, mesmo levando em conta os livros escolares, é provavelmente uma estimativa alta —, uma pessoa comum compraria apenas, direta ou indiretamente, cerca de três livros por ano. Esses três livros, no total, custariam uma libra, ou provavelmente até menos.

Esses números não passam de conjeturas, e me interessaria que alguém os corrigisse para mim. Mas, se a minha estimativa estiver na direção certa, não é um resultado de que possa se orgulhar um país quase cem por cento alfabetizado e no qual o homem comum gasta mais dinheiro em cigarros do que um camponês indiano tem para viver a vida inteira. E se o nosso consumo de livros continua tão baixo quanto o registrado, ao menos tratemos de admitir que isso se deve ao fato de a leitura ser um passatempo menos atraente do que ir às corridas de cães, ao cinema ou ao pub, e não porque os livros, adquiridos ou emprestados, sejam caros demais.

(1946)

O leão e o unicórnio:
O socialismo e o gênio inglês

PARTE I: INGLATERRA, A SUA INGLATERRA

I

No momento em que escrevo, seres humanos extremamente civilizados estão voando sobre mim, tentando me matar.

Eles não sentem nenhuma inimizade contra mim enquanto indivíduo, nem eu contra eles. Estão "apenas cumprindo seu dever", como diz o ditado. A maioria deles, não tenho dúvida, são homens de boa índole, que respeitam as leis e, em sua vida privada, jamais sonhariam em cometer assassinatos. Por outro lado, se um deles conseguir me fazer em pedaços com uma bomba bem colocada, é certo que não vai perder o sono por isso. Ele está servindo ao seu país, que tem o poder de absolvê-lo do mal.

Não é possível entender o mundo moderno tal como ele é sem que se reconheça a força esmagadora do patriotismo, da lealdade nacional. Em determinadas circunstâncias ele pode sucumbir, em certos níveis de civilização, nem sequer existe, mas enquanto força *positiva* não há nada que se compare a ele. O cristianismo e o socialismo internacional são fracos como palha em comparação com ele. Hitler e Mussolini ascenderam ao poder em seus países em grande medida porque compreenderam esse fato, e seus opositores, não.

Além disso, é preciso admitir que as divisões entre uma nação e outra se baseiam em diferenças reais de perspectiva. Até recentemente, considerava-se apropriado fingir que todos os seres humanos são muito semelhantes, mas na realidade quem tem olhos para ver sabe que o comportamento humano médio varia enormemente de um país para outro. Coisas que poderiam ocorrer num país não poderiam ocorrer em outro. O expurgo de junho promovido por Hitler, por exemplo, não poderia ter acontecido na Inglaterra.[1] E, em relação aos povos ocidentais, os ingleses são altamente diferenciados. Há uma espécie de admissão tácita disso na aversão que quase todos os estrangeiros sentem pelo nosso modo de vida nacional. Poucos europeus suportam viver na Inglaterra e, com frequência, até mesmo os americanos se sentem mais à vontade no continente europeu.

Quando você volta para a Inglaterra vindo de qualquer país estrangeiro, logo se dá conta de estar respirando um ar diferente. Já nos primeiros minutos, dezenas de pequenas coisas conspiram para transmitir essa sensação. A cerveja é mais amarga, as moedas são mais pesadas, a relva é mais verde, os anúncios são mais estrepitosos. As multidões nas grandes cidades, com suas caras ligeiramente empoladas, dentes ruins e maneiras afáveis, são diferentes de uma multidão europeia. Então a vastidão da Inglaterra o engolfa e, por um tempo, você deixa de sentir que a nação toda tem um caráter único e reconhecível. Será que existem mesmo nações? Não somos 56 milhões de indivíduos, todos diferentes? E a

---

[1] Trata-se da chamada "Noite dos Longos Punhais", no final de junho de 1934, quando a facção de Hitler no Partido Nazista realizou uma série de execuções extrajudiciais, tendo como alvo os seguidores de Gregor Strasser, bem como a SA de Ernst Röhm. (N. T.)

diversidade de tudo, o caos! O barulho dos tamancos nas cidades fabris de Lancashire, o vaivém dos caminhões na Great North Road, as filas diante das Bolsas de Empregos, a balbúrdia das mesas de pinball nos pubs do Soho, as velhas solteironas pedalando a caminho da comunhão em meio à névoa das manhãs outonais — tais coisas são não apenas fragmentos, mas fragmentos *típicos* da cena inglesa. Como se pode reconhecer um padrão no meio dessa confusão?

Mas converse com estrangeiros, leia livros ou jornais estrangeiros, e você será confrontado outra vez com o mesmo pensamento. Sim, existe algo distinto e reconhecível na civilização inglesa. É uma cultura tão individual quanto a da Espanha. Está de algum modo associada a desjejuns substanciais e domingos melancólicos, cidades enfumaçadas e estradas sinuosas, campos verdejantes e caixas de correio vermelhas. Tem um sabor próprio. Além disso, ela é contínua, se estende pelo futuro e pelo passado, há nela algo que persiste, como numa criatura viva. O que a Inglaterra de 1940 pode ter em comum com a Inglaterra de 1840? Mas até aí, o que há de comum entre você e a criança de cinco anos cuja fotografia sua mãe exibe sobre a lareira? Nada, além do fato de serem a mesma pessoa.

E acima de tudo, é a *sua* civilização, é *você*. Por mais que a odeie ou ridicularize, você jamais ficará feliz quando dela se afastar não importa por quanto tempo. Os empadões de massa com banha e as caixas de correio vermelhas entraram em sua alma. Para o bem ou para o mal, isso é seu, você faz parte disso e, até a hora de descer à sepultura, jamais vai se livrar das marcas que essa civilização lhe deu.

Ao mesmo tempo, a Inglaterra, bem como o resto do mundo, está mudando. E, como tudo o mais, ela só pode mudar em determinadas direções, as quais são previsíveis até certo ponto. Não significa que o futuro é fixo, mas apenas que algumas alternativas são possíveis, e outras não. Uma semente pode brotar ou não, mas de qualquer modo uma semente de nabo nunca vai originar um rabanete. Portanto, é da maior importância tentar determinar o que é a Inglaterra, antes de conjeturar que papel a Inglaterra *pode desempenhar* nos imensos eventos que estão acontecendo.

II

Características nacionais não são fáceis de definir e, uma vez definidas, com frequência se revelam banalidades ou parecem não ter nenhuma conexão umas com as outras. Os espanhóis são cruéis com os animais, os italianos nada conseguem fazer sem produzir um alarido ensurdecedor, os chineses são viciados em jogatina. Obviamente, tais constatações, em si mesmas, pouco importam. Apesar disso, nada existe sem uma causa, e até o fato de os ingleses terem dentes ruins pode nos revelar algum aspecto das realidades da vida inglesa.

Eis algumas generalizações a respeito da Inglaterra que seriam aceitas por quase todos os observadores. Uma delas é que os ingleses não têm dotes artísticos. Eles não são tão musicais quanto os alemães ou os italianos, a pintura e a escultura nunca floresceram na Inglaterra tanto quanto na França. Outra é que, em relação aos europeus, os ingleses não são intelectuais. Eles têm horror ao pensamento abstrato, não sentem a menor necessidade de qualquer filosofia ou "visão de mundo" sistemática. Tampouco isso se dá porque eles são "práticos", como tanto fazem questão de dizer. Basta examinar os métodos que adotam no planejamento urbano e no suprimento de água, a sua obstinada adesão a tudo quanto é obsoleto e incômodo, um sistema de ortografia que desafia a análise, e um sistema de pesos e medidas só inteligível para os compiladores de manuais de aritmética, para se constatar o quão pouco os ingleses se importam com a mera eficiência. Mas eles têm certa capacidade de agir de maneira irrefletida. Sua mundialmente famosa hipocrisia — a atitude ambígua em relação ao próprio império, por exemplo — tem a ver com isso. Além disso, em momentos de crise suprema a nação inteira consegue subitamente se unir e agir com base numa espécie de instinto, na verdade um código de conduta entendido por quase todo mundo, ainda que jamais tenha sido formulado. A expressão que Hitler cunhou para se referir aos alemães, "um povo sonâmbulo", seria mais bem atribuída aos ingleses. Não que exista nada do que se orgulhar em ser chamado de sonâmbulo.

Mas aqui vale notar um traço secundário dos ingleses que é muito acentuado embora pouco comentado, ou seja, o amor pelas flores. É das primeiras coisas que se nota ao chegar à Inglaterra vindo do exterior, especialmente quando se chega do sul da Europa. Isso não contradiria a indiferença inglesa pelas artes? Na verdade não, porque está presente em pessoas que não têm nenhuma sensibilidade estética. Mas é algo vinculado a outra característica inglesa de tal modo parte de nós que mal a notamos, ou seja, o apego a passatempos e diversões, a *privacidade* da vida inglesa. Somos uma nação de amantes das flores, mas também uma nação de colecionadores de selos, criadores de pombos, carpinteiros amadores, recortadores de cupons, atiradores de dardos, fãs de palavras-cruzadas. Toda a cultura mais genuinamente nativa gira em torno de atividades que, mesmo quando comunitárias, não são oficiais — o pub, a partida de futebol, o jardim no quintal, a lareira e a "boa xícara de chá". Ainda se acredita na liberdade do indivíduo, quase como no século XIX. Mas isso nada tem a ver com a liberdade econômica, o direito de explorar os outros para obter lucros. É a liberdade de ter uma casa própria, de fazer o que bem entender em seu tempo livre, de escolher os próprios entretenimentos em vez de se submeter ao que é imposto de cima. Para o ouvido inglês, o nome mais odioso de todos é o do bisbilhoteiro. É óbvio, claro, que até mesmo essa liberdade estritamente privada é uma causa perdida. Como todos os povos modernos, os ingleses estão no processo de serem numerados, rotulados, arregimentados, "coordenados".[2] Mas a força de seus impulsos vai na direção oposta, e o tipo de arregimentação que se pode impor a eles será modificado, em consequência. Nada de comícios partidários, movimentos de juventude, camisas coloridas, perseguições aos judeus ou manifestações "espontâneas". E tampouco nada de Gestapo, com toda a probabilidade.

Mas em todas as sociedades as pessoas comuns têm de viver, em certa medida, *contra* a ordem vigente. A cultura genuinamente popular da Inglaterra se dá abaixo da superfície, não oficialmente e mais ou menos malvista pelas autoridades. Uma coisa que se nota quando se considera os indivíduos comuns, especialmente nas grandes cidades, é que eles não são puritanos. São jogadores inveterados, bebem tanta cerveja quanto o salário permite, apreciam piadas obscenas e usam provavelmente a linguagem mais suja do mundo. Eles precisam satisfazer tais gostos a despeito de leis espantosas e hipócritas (leis de venda de bebidas, loterias etc. etc.), concebidas para interferir em todos, mas que na prática permitem que tudo ocorra. Além disso, os indivíduos comuns são desprovidos de crenças religiosas definidas, e isso há séculos. A Igreja anglicana nunca chegou a ter autoridade real sobre elas, mantendo-se simplesmente como reserva

---

[2] Entre aspas no original, pois remete ao termo em alemão *Gleichschaltung*, adotado pelos nazistas para designar o processo de controle e coordenação de todos os aspectos da sociedade alemã. (N. T.)

da aristocracia fundiária, e as seitas não conformistas só influenciaram minorias. No entanto, eles preservaram um acentuado matiz de sentimento cristão, mesmo que tenham quase esquecido o nome de Cristo. A adoração do poder, que é a nova religião da Europa, e que contaminou a intelligentsia inglesa, jamais chegou aos indivíduos comuns. Estes nunca se importaram com a política da força. O "realismo" alardeado na imprensa japonesa e italiana os teria horrorizado. Pode-se aprender muito a respeito do espírito da Inglaterra através dos coloridos cartões-postais cômicos que se veem nas vitrines das papelarias de bairro. Essas coisas constituem uma espécie de diário no qual o povo inglês inconscientemente registrou a si próprio. Sua aparência antiquada, seus esnobismos nuançados, sua mescla de obscenidade e hipocrisia, sua extrema afabilidade, sua atitude profundamente moral diante da vida, tudo isso está ali refletido.

A afabilidade da civilização inglesa talvez seja sua característica mais marcante. Nota-se isso no instante em que se pisa em solo inglês. Trata-se de uma terra onde os motoristas de ônibus são corteses e os policiais não portam revólveres. Em nenhum outro país habitado por homens brancos é mais fácil abrir caminho às cotoveladas na rua. E isso vem acompanhado daquilo que sempre é descartado pelos observadores europeus como "decadência" ou hipocrisia: o ódio dos ingleses à guerra e ao militarismo. Está profundamente arraigado na história, e é muito forte tanto na classe média baixa quanto na classe operária. As sucessivas guerras o abalaram mas não o destruíram. Ainda no âmbito da memória viva, era comum que os "casacas-vermelhas" fossem vaiados nas ruas e os proprietários de pubs respeitáveis proibissem a entrada de soldados nas dependências. Em tempos de paz, mesmo agora quando 2 milhões estão desempregados, é difícil completar as fileiras do minúsculo exército permanente, no qual os oficiais vêm da aristocracia rural e de um estrato especializado da classe média, e cujas tropas são constituídas de trabalhadores das fazendas e proletários dos cortiços. A massa do povo é desprovida de conhecimento ou tradição militares, e sua atitude diante da guerra é invariavelmente defensiva. Nenhum político conseguiria chegar ao poder prometendo conquistas ou "glórias" militares, nenhuma "Canção de ódio" jamais foi capaz de atraí-los.³ Na última guerra, as canções que os soldados inventavam e entoavam por vontade própria nada tinham de vingativas, mas eram bem-humoradas e tiravam sarro da derrota.⁴ O único inimigo que mencionavam era o primeiro-sargento.

Na Inglaterra, todas as bazófias e patriotadas, na linha da canção "Rule, Britannia!", se devem a pequenas minorias. O patriotismo dos indivíduos comuns não é verbalizado ou mesmo consciente. Entre as suas lembranças históricas, elas não guardam o nome de uma única vitória militar. A literatura inglesa, como outras literaturas, está repleta de poemas de guerra, mas é válido notar que aqueles que conquistaram algum tipo de popularidade são todos relatos de desastres e retiradas. Não há nenhum poema popular sobre Trafalgar ou Waterloo, por exemplo. O exército de Sir John Moore em Coruña, travando uma desesperada luta de retaguarda antes de escapar por mar (exatamente como em Dunquerque!), tem mais apelo que uma vitória brilhante. O mais emocionante poema

---

3 Referência ao poema "Canção de ódio contra a Inglaterra" ("Hassgesang gegen England"), de Ernst Lissauer (1882-1937), usado pela propaganda alemã durante a Primeira Guerra. (N. T.)
4 Por exemplo: "I don't want to join the bloody Army,/ I don't want to go unto the war;/ I want no more to roam,/ I'd rather stay at home/ Living on the earnings of a whore" [Não quero me alistar no maldito exército,/ não quero ir pra a guerra;/ não quero ficar vagando,/ antes prefiro ficar em casa,/ vivendo à custa de uma puta]. Mas não foi com esse espírito que lutaram. (N. A.)

de guerra em inglês trata de uma brigada de cavalaria que investiu na direção errada. E, da última guerra, os quatro nomes que de fato se inscreveram na memória do povo são Mons, Ypres, Galípoli e Passchendaele, sempre um desastre militar. Os nomes das grandes batalhas que afinal liquidaram os exércitos alemães são simplesmente desconhecidos pelo público geral.

O motivo pelo qual o antimilitarismo inglês repugna aos observadores estrangeiros é que ele ignora a existência do Império Britânico. Parece pura hipocrisia. Afinal de contas, os ingleses abocanharam um quarto do planeta e o mantiveram por meio de uma enorme força naval. Como então ousam dar meia-volta e afirmar que a guerra é iníqua?

É bem verdade que os ingleses são hipócritas em relação ao seu império. Na classe operária, essa hipocrisia assume a forma do desconhecimento da existência do Império. Mas seu desapreço por exércitos permanentes é um instinto perfeitamente sadio. Comparativamente, uma marinha de guerra emprega pouca gente, e é uma força que atua no exterior e não afeta diretamente a política interna. As ditaduras militares existem por toda parte, mas não se conhece nenhuma ditadura naval. O que os ingleses de quase todas as classes abominam, do fundo do coração, é a figura do oficial arrogante, o tinido das esporas e o bater das botas. Décadas antes de se ouvir falar em Hitler, o termo "prussiano" tinha o mesmo significado em inglês que "nazista" tem hoje. Esse sentimento é tão arraigado que, há mais de um século, os oficiais do Exército britânico sempre usam, em tempos de paz, roupas civis quando fora de serviço.

Um guia rápido mas razoavelmente seguro da atmosfera social de um país é o tipo de passo que o seu exército adota nas paradas. Uma parada militar é realmente uma espécie de dança ritualística, como um balé, que expressa certa filosofia de vida. O passo de ganso, por exemplo, é uma das visões mais horrendas do mundo, muito mais apavorante do que um bombardeiro de mergulho. É simplesmente uma afirmação de força bruta; nela está contida, de forma bastante consciente e intencional, a visão de uma bota pisoteando um rosto. Sua feiura é parte de sua essência, pois o que diz é: "Sim, *eu sou* feio, e não ouse debochar de mim", como o valentão que faz caretas para a sua vítima. Por que o passo de ganso não é adotado na Inglaterra? Existem, sem dúvida, muitos oficiais do Exército que adorariam introduzir alguma coisa do tipo. Não é usado porque o povo nas ruas iria rir. Além de certo ponto, a exibição militar só é possível em países onde os indivíduos comuns não ousam rir do Exército. Os italianos adotaram o passo de ganso na mesma época em que a Itália passou definitivamente para o controle alemão, e, como seria de esperar, eles não o fazem tão bem quanto os alemães. O governo Vichy, caso sobreviva, está fadado a introduzir no que sobrar do Exército francês uma disciplina mais rígida em suas paradas. No Exército britânico, a disciplina é rígida e complexa, repleta de resquícios do século XVIII, mas desprovida de arrogância explícita; a marcha não passa de uma caminhada formal. Ela pertence a uma sociedade governada pela espada, sem dúvida, mas uma espada que jamais deve ser tirada da bainha.

Ainda assim, a afabilidade da civilização inglesa está misturada a barbaridades e anacronismos. Nossa legislação criminal é tão obsoleta quanto os mosquetes da Torre de Londres. Em contraste à tropa de assalto nazista é preciso colocar esse personagem tipicamente inglês, o juiz draconiano, um velho gotoso e valentão com o espírito fixado no século XIX a expedir sentenças ferozes. Na Inglaterra, as pessoas ainda são enforcadas e submetidas a açoitamentos. Ambas as punições são tão obscenas quanto cruéis, mas nunca se viu nenhum protesto genuinamente popular contra elas. O povo as aceita (assim como as prisões de Dartmoor e Borstal) quase do mesmo jeito como toleram o clima. São parte da "lei", que se supõe inalterável.

Aqui topamos com um traço inglês da maior importância: o respeito pelo constitucionalismo e pela legalidade, a crença na "lei" como algo acima do Estado e do indivíduo, algo que é cruel e estúpido, claro, mas de qualquer modo *incorruptível*.

Não é que alguém imagine que a lei seja justa. Todos sabem que há uma lei para o rico e outra para o pobre. Mas ninguém aceita as implicações disso, todos estão convencidos de que a lei, tal como existe, será respeitada, e se sentem ultrajados quando isso não ocorre. Comentários do tipo "Não podem me prender; não fiz nada de errado" ou "Não podem fazer isso; é contra a lei" são parte da atmosfera da Inglaterra. Os inimigos declarados da sociedade têm esse sentimento tão arraigado quanto qualquer outra pessoa. É o que se vê em livros sobre prisões, como *Walls Have Mouths* [Os muros têm bocas], de Wilfred Macartney, ou *Jail Journey* [Jornada no cárcere], de Jim Phelan, nas solenes tolices que ocorrem nos julgamentos de objetores de consciência, nas cartas aos jornais de eminentes professores marxistas, apontando que isso ou aquilo é uma "falência da justiça britânica". Todo mundo, em seu íntimo, está convencido de que a lei pode, deve ser e, de maneira geral, vai ser aplicada com imparcialidade. A concepção totalitária de que não existe lei, mas apenas poder, nunca lançou raízes. Mesmo a intelligentsia somente aceitou isso em teoria.

Uma ilusão pode se tornar uma meia verdade, uma máscara pode alterar a expressão de um rosto. Os familiares argumentos segundo os quais a democracia é "a mesma coisa" ou "tão ruim quanto" o totalitarismo jamais levam em conta esse fato. Todos esses argumentos se resumem a dizer que metade de um pão é o mesmo que nenhum pão. Na Inglaterra, ainda se acredita em conceitos como justiça, liberdade e verdade objetiva.

Talvez sejam ilusões, mas são ilusões muito poderosas. A crença neles influencia a conduta, a vida nacional é diferente por causa deles. Como prova, basta olhar ao redor. Onde estão os porretes de borracha, onde está o óleo de rícino? A espada continua embainhada, e enquanto estiver assim não há como a corrupção ultrapassar certo limite. O sistema eleitoral inglês, por exemplo, é uma fraude quase patente. Numa dúzia de aspectos óbvios ele é manipulado a favor dos interesses da classe abastada. Mas até que ocorra uma profunda mudança na mentalidade pública, ele não pode ser *completamente* corrompido. Ninguém chega à seção eleitoral e é abordado por homens armados dizendo como se deve votar, nem os votos são mal contados, tampouco ocorrem quaisquer atos diretos de suborno. Até mesmo a hipocrisia é uma salvaguarda poderosa. O juiz draconiano, esse velhote maléfico de toga escarlate e peruca de crina, a quem só a dinamite talvez possa, um dia, ensinar em que século ele está vivendo, mas que de qualquer modo vai interpretar a lei à letra e em nenhuma circunstância aceitará ser subornado por dinheiro, é uma das figuras simbólicas da Inglaterra. Ele é um símbolo da curiosa mescla de realidade e ilusão, democracia e privilégio, enganação e decência, da sutil rede de compromissos pela qual a nação se mantém em seu formato familiar.

III

Tenho falado o tempo todo em "nação", "Inglaterra", "Grã-Bretanha", como se 45 milhões de almas pudessem de algum modo ser tratadas como uma unidade. Mas não é a Inglaterra notoriamente duas nações, a rica e a pobre? Alguém se atreve a alegar que existe alguma coisa em comum entre aqueles que têm uma renda de 100 mil libras por ano e os que ganham uma libra por semana? E mesmo os leitores galeses e escoceses devem ter se ofendido por eu ter usado o termo "Inglaterra" com mais frequência do que "Grã-Bretanha", como se toda a população morasse em Londres ou nos condados ao seu redor e nem a região norte nem a oeste possuíssem cultura própria.

Tem-se uma melhor perspectiva desse assunto se levarmos em conta primeiro a questão secundária. É bem verdade que as chamadas *raças* britânicas se consideram muito diferentes umas das outras. Um escocês, por exemplo, não vai agradecê-lo ao ser chamado de inglês. Nota-se nossa hesitação a esse respeito pelo fato de termos nada menos do que seis nomes diferentes para designar as nossas ilhas: Inglaterra, Bretanha, Grã-Bretanha, Ilhas Britânicas, Reino Unido e, em momentos muito exaltados, Albion. Mesmo as diferenças entre o sul e o norte da Inglaterra assomam enormes a nossos próprios olhos. Porém, de alguma maneira, tais diferenças se dissipam assim que dois britânicos são confrontados por um europeu. É muito raro encontrar um estrangeiro, com exceção dos americanos, capaz de distinguir entre ingleses e escoceses, ou mesmo entre ingleses e irlandeses. Para os franceses, o bretão e o auvérnio parecem seres muito diferentes, e o sotaque dos marselheses sempre é motivo de piada em Paris. Contudo, falamos em "França" e em "franceses", reconhecendo o país como uma entidade, uma civilização única, como de fato é. Acontece a mesma coisa conosco. Vistos de fora, até mesmo os cockneys e os nativos de Yorkshire apresentam forte semelhança familiar.

E mesmo a distinção entre ricos e pobres de certo modo míngua quando a nação é considerada de fora. Não resta dúvida quanto à disparidade de riqueza na Inglaterra. Ela é aqui mais flagrante do que em qualquer outro país europeu, e basta olhar na rua mais próxima para perceber. Em termos econômicos, a Inglaterra certamente é duas nações, se não três ou quatro. Porém, ao mesmo tempo, a grande maioria das pessoas *se sente* parte de uma única nação e tem consciência de se assemelhar mais umas às outras do que aos estrangeiros. O patriotismo em geral é mais forte do que o ódio entre classes, e é sempre mais forte do que qualquer tipo de internacionalismo. Exceto numa breve ocasião em 1920 (no movimento "Hands Off Russia" [Tirem as mãos da Rússia]),[5] a classe trabalhadora britânica nunca pensou ou agiu em termos internacionais. Durante dois anos e meio, eles observaram seus camaradas espanhóis serem lentamente estrangulados e nunca saíram em sua ajuda, nem sequer com uma única greve.[6] Mas, quando o seu próprio país (o país de Lord Nuffield e do sr. Montagu Norman)[7] corria perigo, a atitude foi bem diferente. No momento em que pareceu provável que a Inglaterra seria invadida, Anthony Eden foi ao rádio convocar os Voluntários da Defesa Local.[8] Ele obteve 250 mil homens

---

5 Campanha organizada em 1919 pelos socialistas britânicos contra o apoio do governo aos chamados "russos brancos", que lutavam contra o novo regime bolchevique. (N. T.)

6 É bem verdade que lhes deram algum apoio financeiro. Ainda assim, os valores arrecadados pelos fundos de ajuda à Espanha não chegariam a 5% dos recursos movimentados com apostas de futebol no mesmo período. (N. A.)

7 William Richard Morris (1877-1963), visconde de Nuffield, era considerado o maior empresário da época, fundou a indústria automobilística Morris e, no início da Segunda Guerra, empenhou-se sem êxito na produção de aviões militares; o barão Montagu Norman (1871-1951) era banqueiro e foi presidente do Banco da Inglaterra de 1920 a 1944. (N. T.)

8 A LDV (Local Defense Volunteers), depois rebatizada de Home Guard (Guarda Nacional), era uma milícia civil armada de apoio ao Exército e que funcionou de 1940 a 1944. Anthony Eden (1897-1977), na época, ocupava o cargo de secretário de Estado para a Guerra. (N. T.)

nas primeiras 24 horas, e mais 1 milhão no mês subsequente. Basta comparar tais números, por exemplo, com a quantidade de objetores de consciência para perceber como é vasta a força das lealdades tradicionais em comparação com as novas.

Na Inglaterra, o patriotismo assume diferentes formas nas diferentes classes, mas está presente como um fio de ligação em quase todas. Apenas a intelligentsia europeizada é de fato imune a ele. Como emoção positiva, é mais acentuado na classe média do que na classe alta — as escolas particulares baratas, por exemplo, são mais dadas a demonstrações patrióticas do que as mais caras —, mas a quantidade de homens ricos traiçoeiros, do tipo Laval-Quisling,[9] é provavelmente muito restrita. Na classe trabalhadora, o patriotismo é profundo, mas inconsciente. O coração do trabalhador não bate mais forte ao ver a bandeira nacional. Mas a famosa "insularidade" e "xenofobia" dos ingleses é bem mais forte na classe trabalhadora do que na burguesia. Em todos os países, os pobres são mais nacionalistas do que os ricos, mas a classe operária inglesa se destaca por sua aversão aos costumes estrangeiros. Mesmo quando obrigados a viver durante anos no exterior, eles se recusam seja a se habituar à comida estrangeira, seja a aprender línguas estrangeiras. Quase todo inglês originário da classe trabalhadora considera efeminada a pronúncia correta de uma palavra estrangeira. Durante a guerra de 1914-8, a classe trabalhadora inglesa entrou em contato com estrangeiros numa medida raramente possível. O único resultado foi que voltaram com um ódio a todos os europeus, com exceção dos alemães, cuja coragem

---

[9] Pierre Laval (1883-1945), político francês e membro proeminente do governo colaboracionista de Vichy, foi fuzilado no final da Segunda Guerra. Vidkun Quisling (1887-1945) governou a Noruega durante a ocupação do país pelos nazistas. (N. T.)

admiravam. Durante quatro anos em solo francês, não adquiriram sequer gosto pelo vinho. A insularidade dos ingleses, sua recusa em levar a sério os estrangeiros, é uma insensatez cujo alto preço tem de ser pago de tempos em tempos. Mas ela desempenha um papel na mística inglesa, e os intelectuais que tentaram rompê-la em geral acabaram fazendo mais mal do que bem. No fundo, trata-se da mesma qualidade no caráter inglês que repele o turista e mantém afastado o invasor.

Aqui voltamos a duas características inglesas que já mencionei, aparentemente ao acaso, no início do último capítulo. Uma delas é a carência de talento artístico. Isso talvez seja outra forma de dizer que os ingleses se encontram fora da cultura europeia. Pois há uma arte para a qual já demonstraram talento em abundância, ou seja, a literatura. Mas também é a única arte que não pode cruzar as fronteiras. A literatura, especialmente a poesia, e sobretudo a poesia lírica, é uma espécie de piada de família, com pouco ou nenhum valor fora de seu grupo linguístico. Com exceção de Shakespeare, os melhores poetas ingleses são pouco conhecidos na Europa, mesmo que apenas pelo nome. Os únicos poetas amplamente lidos são Byron, que é admirado por razões equivocadas, e Oscar Wilde, que é lastimado como vítima da hipocrisia inglesa. E associada a isso, ainda que de modo não muito óbvio, está a falta de aptidão filosófica, a ausência em quase todos os ingleses de qualquer necessidade de um sistema ordenado de pensamento, ou mesmo do uso da lógica.

Até certo ponto, o sentimento de unidade nacional é um substituto para uma "visão de mundo". Só porque o patriotismo é quase universal e nem mesmo os ricos escapam à sua influência pode haver momentos em que a nação de repente se move como um todo e na mesma direção, como um rebanho bovino diante de um lobo. Houve um momento assim, inequívoco, quando se deu o desastre na França. Após oito meses de vagas conjeturas acerca do que tratava a guerra, subitamente as pessoas sabiam o que tinham de fazer: primeiro, retirar o exército de Dunquerque e, depois, impedir uma invasão. Foi como o despertar de um gigante. Atenção! Perigo! Os filisteus vêm sobre ti, Sansão! E então a ação repentina e unânime — e depois, infelizmente, a pronta recaída no sono. Numa nação dividida, esta teria sido exatamente a ocasião para o surgimento de um grande movimento pela paz. Mas isso quer dizer que o instinto dos ingleses sempre vai levá-los a fazer a coisa certa? De forma alguma, apenas que vai levá-los a fazer a mesma coisa. Nas eleições gerais de 1931, por exemplo, todos fizemos a coisa errada em perfeito uníssono.[10] Fomos tão irredutíveis quanto os porcos do gadareno.[11] Mas sinceramente duvido que possamos dizer que fomos empurrados precipício abaixo contra a nossa vontade.

Decorre que a democracia britânica não é tanto uma fraude quanto às vezes aparenta ser. Um observador estrangeiro nota apenas a enorme disparidade de riqueza, o sistema eleitoral injusto, o controle da imprensa, do rádio e da educação pela classe governante, e conclui que a democracia é simplesmente um nome polido para a ditadura. Mas isso ignora a considerável concordância que infelizmente existe entre os líderes e os liderados. Por mais que se odeie admitir tal coisa, é quase certo que, entre 1931 e 1940, o Governo Nacional representou a vontade da massa do povo. Ele tolerou os cortiços, o desemprego e uma política externa covarde. É fato, mas o mesmo se deu com a opinião pública. Foi um período de estagnação, e seus líderes naturais eram medíocres.

Apesar das campanhas de alguns milhares esquerdistas, é praticamente certo que o grosso da população

---

10 Nas eleições desse ano, o Partido Trabalhista sofreu uma derrota parlamentar histórica. (N. T.)
11 Mc 5,1-20; Lc 8,26-39. (N. T.)

inglesa apoiava a política externa de Chamberlain. Mais ainda, é praticamente certo que a mesma luta se desenrolava tanto na mente de Chamberlain como na das pessoas comuns. Seus adversários alegavam ver nele um maquinador sombrio e ardiloso, que tramava vender a Inglaterra para Hitler, mas é bem mais provável que fosse meramente um velho estúpido fazendo o seu melhor em conformidade com as suas parcas luzes. É difícil explicar de outro modo as contradições de suas políticas, o seu fracasso em entender as opções que se ofereciam a ele. Assim como a massa do povo, ele não queria pagar o preço nem da paz nem da guerra. E a opinião pública o apoiou o tempo todo, em políticas que eram completamente incompatíveis umas com as outras. Ela o apoiou quando foi a Munique, quando buscou um entendimento com a Rússia, quando ofereceu uma garantia à Polônia, quando a honrou e quando, sem qualquer entusiasmo, prosseguiu com a guerra. Somente quando ficaram evidentes os resultados de sua política é que a opinião pública se voltou contra ele; ou seja, voltou-se contra a sua própria letargia nos sete anos anteriores. Em consequência, o povo escolheu um líder mais afinado com o seu ânimo, Churchill, que ao menos conseguia entender que não se vence uma guerra sem luta. Mais adiante, talvez, escolherão outro líder capaz de entender que só as nações socialistas podem lutar com eficácia.

Será que com tudo isso eu quero dizer que a Inglaterra é uma democracia genuína? Não, de forma alguma, nem mesmo um leitor do *Daily Telegraph* engoliria essa.

A Inglaterra é o país mais marcado pela divisão de classes que há sob o sol. É uma terra de esnobismo e privilégios, governada sobretudo pelos velhos e cretinos. Mas qualquer consideração a respeito deve levar em conta a sua unidade emocional, a tendência de quase todos os seus habitantes a sentir da mesma forma e a agir em conjunto nos momentos de crise suprema. É o único grande país na Europa que não está obrigado a condenar centenas de milhares de seus cidadãos ao exílio ou ao campo de concentração. Neste momento, após um ano de guerra, jornais e panfletos atacando o governo, elogiando o inimigo e clamando pela rendição estão sendo vendidos nas ruas, quase sem interferência. E isso não se deve tanto a um respeito pela liberdade de expressão quanto à simples percepção de que tais coisas não importam. É seguro permitir a venda de um jornal como o *Peace News* porque é certo que 95% da população jamais vai querer lê-lo. A nação está unificada por uma corrente invisível. Em qualquer tempo normal, a classe dominante rouba, administra mal, sabota e nos arrasta à lama; mas quando a opinião pública se faz ouvir de fato, quando a classe dominante recebe, vindo de baixo, um empurrão que não pode ignorar, fica difícil para ela não reagir. Os escritores de esquerda que denunciam como "pró-fascista" a classe dominante como um todo cometem uma grosseira e exagerada simplificação. Mesmo entre a camarilha interna de políticos que nos conduziram ao transe atual, é discutível que tenha havido algum traidor *consciente*. A corrupção existente na Inglaterra raramente é desse tipo. Ela tem quase sempre a natureza de um autoengano voluntário, quando a mão direita nada sabe do que faz a esquerda. E, sendo inconsciente, é limitada. Nota-se isso de forma mais óbvia na imprensa inglesa. A imprensa inglesa é honesta ou desonesta? Em tempos normais, ela é profundamente desonesta. Todos os jornais relevantes sobrevivem de anúncios, e os anunciantes exercem uma censura indireta sobre as notícias. Ainda assim, não suponho que haja um único jornal da Inglaterra que possa ser diretamente subornado com dinheiro vivo. Na França da Terceira República, era notório que todos os jornais, com poucas exceções, podiam ser comprados no balcão, como se fosse um quilo de queijo. A vida pública na Inglaterra nunca foi tão *abertamente* escandalosa. Não atingiu o grau de desintegração no qual pouco importam as aparências.

A Inglaterra não é a ilha soberana dos versos tão citados de Shakespeare, tampouco o inferno pintado pelo dr. Goebbels. Mais do que qualquer coisa, ela se assemelha a uma família, uma família vitoriana um tanto sufocante, com poucas ovelhas negras, mas com todos os armários repletos de esqueletos. Ela inclui parentes ricos que precisam ser adulados e parentes pobres horrivelmente maltratados, e há uma profunda conspiração de silêncio a respeito da origem da renda familiar. É uma família na qual os jovens são em geral frustrados e a maior parte do poder se concentra nas mãos de tios irresponsáveis e tias acamadas. Ainda assim, é uma família. Tem uma linguagem própria e recordações comuns, e, à aproximação de um inimigo, cerra fileiras. Uma família com os parentes errados no controle — isso é, talvez, o mais perto que se pode chegar de resumir a Inglaterra numa frase.

IV

A Batalha de Waterloo *foi* provavelmente vencida nos campos esportivos de Eton, mas as batalhas de abertura de todas as guerras subsequentes foram perdidas ali. Um dos fatos dominantes da vida inglesa nos três últimos quartos de século foi a deterioração da capacidade da classe governante.

Entre os anos 1920 e 1940, isso ocorreu com a velocidade de uma reação química. Contudo, no momento em que escrevo, ainda é possível se falar de uma classe governante. Como a faca cuja lâmina foi trocada duas vezes e o cabo, três vezes, a elite da sociedade inglesa ainda continua sendo quase a mesma daquela de meados do século XIX. Depois de 1832, os membros da velha aristocracia fundiária perderam poder continuamente, mas em vez de desaparecerem ou se fossilizarem, simplesmente uniram-se por casamento aos comerciantes, industriais e financistas que haviam tomado o seu lugar, e logo os transformaram em cópias fiéis de si mesmos. O abastado dono de navios ou de cotonifícios criou para si um álibi como fidalgo do campo, enquanto os seus filhos aprendiam os maneirismos corretos em escolas particulares que haviam sido concebidas para esse mesmo propósito. A Inglaterra era governada por uma aristocracia constantemente reabastecida por novos-ricos. E considerando o vigor que possuíam os *self-made men*, e considerando que estavam comprando o acesso a uma classe que, de qualquer modo, tinha uma tradição de serviço público, seria de esperar que, de modo similar, pudessem resultar em governantes competentes.

E, no entanto, de algum modo a classe governante decaiu, perdendo sua capacidade, sua ousadia e, por fim, mesmo sua crueldade, até chegar uma época em que sujeitos presunçosos como Eden ou Halifax puderam se destacar como homens de talento excepcional.[12] Quanto a Baldwin, nem sequer merece ser chamado de presunçoso.[13] Era simplesmente um buraco no ar. A incompetência para lidar com os problemas internos da Inglaterra durante a década de 1920 já tinha sido ruim o bastante, mas a política externa britânica entre 1931 e 1939 é uma das maravilhas do mundo. Por quê? O que aconteceu? O que houve para que, em cada momento decisivo, todos

---

12 Edward Wood, lord Halifax (1881-1959), político conservador, foi um dos arquitetos da política de apaziguamento em relação a Hitler em 1936-8, secretário do Exterior entre 1938 e 1940, e embaixador britânico nos Estados Unidos de 1941 a 1946. (N. T.)
13 Stanley Baldwin (1867-1947), conservador, foi primeiro-ministro por três vezes, em 1923-4, 1924-9 e 1935-7. Neste último mandato, supervisionou o início do programa de rearmamento da Grã-Bretanha, mas depois seria criticado por não ter preparado adequadamente o país para a guerra. (N. T.)

os estadistas britânicos fizessem a coisa errada com um instinto tão certeiro?

O fato subjacente a isso era que a posição da classe abastada como um todo deixara de ser justificável fazia tempo. Ali estava ela instalada, no centro de um vasto império e de uma rede financeira de âmbito mundial, acumulando juros e lucros a fim de gastá-los — em quê? Era justo afirmar que a vida no interior do Império Britânico era, sob muitos aspectos, melhor do que a vida fora dele. Mesmo assim, o Império era subdesenvolvido, a Índia dormitava na Idade Média, os Domínios jaziam vazios, com os estrangeiros invejosamente impedidos de entrar, e a própria Inglaterra repleta de cortiços e desempregados. Apenas meio milhão de pessoas, os moradores das casas de campo, se beneficiavam definitivamente do sistema vigente. Além disso, a tendência dos pequenos negócios a se fundirem em empresas maiores despojou mais e mais as classes abastadas de suas funções, convertendo-as em meras *proprietárias*, seu trabalho ficando a cargo de gerentes e técnicos assalariados. Desde muito existe na Inglaterra uma classe inteiramente desprovida de funções, vivendo do dinheiro investido mal sabem onde, os "ricos ociosos", aqueles cujas fotografias você vê nas revistas *Tatler* e *Bystander*, caso isso lhe interesse. A existência dessas pessoas, por qualquer critério, era injustificável. Não passavam de parasitas, menos úteis à sociedade do que as pulgas são aos cães.

Em 1920, muita gente tinha consciência de tudo isso. Em 1930, já eram milhões a ter consciência. Mas obviamente a classe dominante britânica não podia admitir para si mesma que a sua utilidade estava acabando. Se admitisse, teria de abdicar de sua posição. Pois não lhes era possível transformar-se em meros bandidos, como os milionários americanos, agarrando-se conscientemente a privilégios injustos e sufocando a oposição com subornos e bombas de gás lacrimogêneo. Afinal de contas, eles pertenciam a uma classe com certa tradição, haviam frequentado escolas particulares nas quais o dever de morrer pelo país, se necessário, é inculcado como o primeiro e o maior de todos os mandamentos. Eles precisavam *se sentir* verdadeiros patriotas, mesmo enquanto pilhavam os seus conterrâneos. Claramente, só lhes restava uma saída — a estupidez. Só podiam manter a sociedade em sua forma existente mantendo-se *incapazes* de entender que uma melhoria era possível. Por mais difícil que fosse, eles conseguiram esse feito, sobretudo voltando os olhos para o passado e recusando-se a reconhecer as mudanças que ocorriam ao seu redor.

Isso explica muito da Inglaterra. Explica a decadência da vida no campo, devida à manutenção de um feudalismo postiço que expulsa da terra os trabalhadores mais empenhados. Explica o imobilismo das escolas particulares, que mal se alteraram desde a década de 1880. Explica a incompetência militar que vezes sem conta chocou o mundo. Desde a década de 1850, todas as guerras travadas pela Inglaterra começaram com uma série de desastres, após os quais a situação foi salva por gente de camadas comparativamente inferiores na escala social. Os comandantes mais graduados, oriundos da aristocracia, jamais conseguiram se preparar para a guerra moderna, pois para tanto teriam de admitir para si mesmos que o mundo estava mudando. Eles sempre se aferraram a métodos e armamentos obsoletos, pois inevitavelmente viam cada guerra como uma repetição da anterior. Perante a Guerra dos Bôeres, eles se prepararam para a Guerra dos Zulus, perante a guerra de 1914, para a Guerra dos Bôeres, e perante o conflito atual, para a guerra de 1914. Mesmo neste momento, na Inglaterra, centenas de milhares de homens estão sendo treinados para usar a baioneta, uma arma totalmente inútil a não ser para abrir latas. Vale notar que a Marinha e, ultimamente, a Força Aérea sempre se mostraram mais eficientes do que o Exército regular. Mas a Marinha está apenas parcialmente na alçada da classe dominante, enquanto a Força Aérea, quase nada.

Há que se reconhecer que, em tempos pacíficos, os métodos da classe dominante britânica renderam-lhe bons serviços. Seus próprios súditos manifestamente os toleravam. Por mais injusta que fosse a organização da Inglaterra, ao menos não se viu dilacerada por conflitos de classe ou acossada pela polícia secreta. O Império foi pacífico como nenhuma outra área de dimensões equivalentes o foi. Em toda a sua vasta extensão, quase um quarto do globo, havia menos homens armados do que seria necessário para um pequeno Estado balcânico. Enquanto as populações submetidas a contemplavam meramente de um ponto de vista liberal e *negativo*, a classe dominante britânica tinha suas qualidades. Seus membros eram preferíveis aos homens verdadeiramente modernos, os nazistas e fascistas. Mas desde há muito era óbvio que seriam impotentes contra qualquer ataque sério vindo de fora.

Eles não tinham condições de lutar contra o nazismo ou o fascismo porque não conseguiam entendê-los. Tampouco poderiam ter lutado contra o comunismo, caso o comunismo tivesse se tornado uma força séria na Europa Ocidental. Para entender o fascismo precisariam ter estudado a teoria do socialismo, o que os forçaria a se dar conta de que o sistema econômico sob o qual viviam era injusto, ineficiente e obsoleto. Mas era exatamente para evitar reconhecer este fato que eles haviam se preparado. Eles lidaram com o fascismo da mesma forma como os generais de cavalaria enfrentaram as metralhadoras em 1914 — ignorando-o. Depois de anos de agressões e massacres, só haviam entendido um único fato: Hitler e Mussolini eram hostis ao comunismo. Portanto, argumentava-se, ambos *deveriam ser* favoráveis aos rentistas britânicos. Daí o espetáculo verdadeiramente medonho de parlamentares conservadores celebrando loucamente as notícias de que os navios britânicos, carregados de alimentos para o governo republicano espanhol, haviam sido bombardeados por aviões italianos. Mesmo quando começaram a entender que o fascismo era perigoso, a sua natureza essencialmente revolucionária, o enorme esforço militar de que era capaz, o tipo de táticas que usaria, tudo isso permaneceu bem além de sua compreensão. Na época da Guerra Civil Espanhola, qualquer um que tivesse um conhecimento político equivalente ao que se aprende lendo um panfleto barato sobre o socialismo sabia que, se Franco vencesse, o resultado seria estrategicamente desastroso para a Inglaterra; e, contudo, generais e almirantes que passaram a vida estudando as guerras foram incapazes de entender esse fato. Essa vertente de ignorância política perpassa todo o âmbito oficial inglês, afetando ministros de Estado, embaixadores, cônsules, juízes, magistrados, policiais. O policial que prende um "vermelho" não entende as teorias que o "vermelho" prega; se entendesse, a sua própria posição como guarda-costas da classe abastada talvez lhe parecesse menos prazerosa. Há motivo para se pensar que até mesmo a espionagem militar seja irremediavelmente prejudicada pela ignorância das novas doutrinas econômicas e das ramificações dos partidos clandestinos.

A classe dominante britânica não se equivocava por inteiro ao achar que o fascismo estava do seu lado. É fato que qualquer homem rico, a menos que seja judeu, tem menos a temer do fascismo do que do comunismo ou do socialismo democrático. Nunca se deve esquecer isso, pois quase toda a propaganda alemã e italiana é projetada para acobertá-lo. O instinto natural de homens como Simon, Hoare, Chamberlain etc. era chegar a um acordo com Hitler.[14] Mas — e aqui entra o traço peculiar da vida inglesa

---

14 Sir John Simon (1873-1954), político liberal que, na década de 1930, aproximou-se de posições conservadoras, e participou do chamado "governo nacional", como secretário do Exterior (1931-5), e depois como secretário do Interior (1935-7). Em 1937,

que mencionei antes, ou seja, o profundo sentimento de solidariedade nacional — eles só poderiam alcançar isso por meio da fragmentação do Império e da venda de seu próprio povo a um regime de semiescravidão. Uma classe verdadeiramente corrupta teria feito isso sem hesitação, como na França. Mas as coisas não haviam chegado tão longe na Inglaterra. Os políticos capazes de fazer discursos aduladores sobre "o dever de lealdade para com os nossos conquistadores" dificilmente são encontrados na vida pública inglesa. Atirados de um lado para outro entre seus rendimentos e seus princípios, era impossível que homens como Chamberlain conseguissem mais do que juntar o pior de ambos os mundos.

Uma coisa que sempre mostrou que a classe dominante da Inglaterra é razoavelmente sadia em termos *morais* é que, em tempos de guerra, seus membros se mostram dispostos a morrer. Vários duques, condes e semelhantes foram mortos na recente campanha em Flandres. Isso não ocorreria se fossem os canalhas cínicos que por vezes declaram ser. É importante não interpretarmos mal os seus motivos, ou não conseguiremos prever suas ações. O que se pode esperar deles não é a traição ou a covardia física, mas a estupidez, a sabotagem inconsciente, um instinto infalível para fazer a coisa errada. Eles não são perversos, ou não de todo perversos; são meramente incapazes de aprender. Somente quando não tiverem mais dinheiro e poder é que os mais jovens entre eles vão começar a entender em que século vivem.

---

quando Neville Chamberlain tornou-se primeiro-ministro, Simon ocupou a pasta da Economia. O conservador Samuel Hoare (1880--1959) foi secretário do Exterior em 1935, depois ministro da Marinha e, em seguida, secretário do Interior até maio de 1940, quando Chamberlain deixou de ser primeiro-ministro. (N. T.)

V

A estagnação do Império no entreguerras afetou a todos na Inglaterra, mas teve um efeito particularmente direto em duas importantes subdivisões da classe média. Uma era a classe média militarista e imperialista, em geral simbolizada pelo Blimp,[15] e a outra a intelligentsia de esquerda. Esses dois tipos aparentemente hostis, opostos simbólicos — o coronel a meia pensão com pescoço de touro e cérebro diminuto, como um dinossauro, e o intelectual [*highbrow*] de testa larga e pescoço fino como um talo —, são mentalmente interligados e interagem constantemente um com o outro; de qualquer modo, em grande medida são originários das mesmas famílias.

Trinta anos atrás, a classe dos Blimps já começava a perder a vitalidade. As famílias de classe média celebradas por Kipling, as prolíficas famílias incultas [*lowbrow*] cujos filhos se tornavam oficiais do Exército e da Marinha, e pululavam em todos os recantos desolados da terra, desde o Yukon até o Irrawaddy, já minguavam antes de 1914. A coisa que as dizimou foi o telégrafo. Num mundo que se estreitava, cada vez mais comandado a partir de Whitehall, o espaço para a iniciativa individual diminuía a cada ano. Homens como Clive, Nelson, Nicholson, Gordon não teriam lugar no atual Império Britânico.[16] Por volta de 1920, quase toda polegada das possessões coloniais estava sob o controle de Whitehall. Homens bem-intencionados, excessivamente civilizados, em ternos escuros e chapéus de feltro pretos, com guarda-chuvas

---

15 O coronel Blimp era um personagem pomposo e reacionário nos cartuns desenhados por David Low na década de 1930. (N. T.)

16 Robert Clive (1725-74), Horatio Nelson (1758-1805), John Nicholson (1821-57) e Charles George Gordon (1833-85) foram todos militares e administradores (com exceção de Nelson) no auge do império. (N. T.)

meticulosamente enrolados e pendurados no braço esquerdo, impunham a sua constipada concepção de vida na Malásia e na Nigéria, em Mombaça e Mandalay. Os que haviam erguido o império estavam reduzidos à condição de funcionários, soterrados cada vez mais sob montanhas de papel e regulamentos burocráticos. No princípio da década de 1920, dava para ver, por todo o Império, os oficiais mais velhos, que haviam conhecido dias mais espaçosos, a contorcer-se impotentes sob as mudanças em andamento. Desde então, tornou-se quase impossível induzir jovens corajosos a desempenhar qualquer papel na administração imperial. E o que era verdade para o mundo do serviço público valia também para o comercial. As grandes companhias monopolistas engoliram multidões de pequenos mercadores. Em vez de se aventurarem em negócios nas Índias, acabavam sentados diante de uma escrivaninha em Bombaim ou Cingapura. E a vida em Bombaim ou em Cingapura era, na verdade, mais tediosa e segura do que a vida em Londres. O sentimento imperialista permaneceu forte na classe média, sobretudo devido à tradição familiar, mas o encargo de administrar o Império deixara de ser atraente. Poucos homens competentes seguiam para além de Suez se houvesse algum jeito de evitá-lo.

Mas o enfraquecimento geral do imperialismo e, em certa medida, de toda a moral britânica, que se deu na década de 1930, foi em parte obra da intelligentsia de esquerda, ela própria uma espécie de cultura que brotou dessa estagnação imperial.

Deve-se notar que não há hoje uma intelligentsia que não seja, em certo sentido, "de esquerda". Talvez o último intelectual de direita tenha sido T. E. Lawrence. Desde cerca de 1930, todo aquele que se pode descrever como "intelectual" vive num estado de descontentamento crônico com a ordem vigente. O que era necessário, porque a sociedade, tal como estava constituída, não tinha lugar para ele. Num Império que estava simplesmente estagnado, sem se desenvolver nem se desintegrar, e numa Inglaterra governada por gente cujo maior atributo era a estupidez, ser "inteligente" era ser suspeito. Se você tivesse o tipo de cérebro capaz de entender os poemas de T.S. Eliot ou as teorias de Karl Marx, os superiores providenciavam que fosse mantido longe de qualquer função importante. Os intelectuais só puderam encontrar uma função para si nas revistas literárias e nos partidos políticos de esquerda.

A mentalidade da intelligentsia esquerdista inglesa pode ser estudada em meia dúzia de publicações semanais e mensais. O que se destaca de imediato em todas essas publicações é sua atitude em geral negativa e lamurienta, sua total e perene carência de qualquer sugestão construtiva. Elas contêm pouca coisa além dos queixumes irresponsáveis de gente que nunca ocupou, nem espera ocupar, uma posição de poder. Outra característica marcante é a superficialidade emocional de pessoas que vivem num mundo de ideias e têm pouco contato com a realidade física. Muitos intelectuais da esquerda foram frouxamente pacifistas até 1935-9, e então prontamente se acalmaram quando eclodiu a guerra. De maneira geral, ainda que não precisamente, a verdade é que as pessoas que se mostravam mais "antifascistas" durante a Guerra Civil Espanhola são agora as mais derrotistas. E subjacente a isto está o fato realmente importante a respeito de tantos membros da intelligentsia inglesa — o seu alheamento da cultura comum do país.

Em intenção, ao menos, a intelligentsia inglesa é europeizada. Ela se inspira na culinária de Paris e nas opiniões de Moscou. Em meio ao patriotismo generalizado do país, ela forma uma espécie de ilha de pensamento dissidente. A Inglaterra talvez seja o único grande país cujos intelectuais se envergonham da própria nacionalidade. Nos círculos esquerdistas, sempre se considera que há certa ignomínia em ser inglês, e que é um dever zombar de todas as instituições inglesas, das corridas de cavalos aos empadões de massa com banha. É um fato estranho, mas é uma verdade inquestionável que quase todo intelectual inglês sentiria mais vergonha de se perfilar durante a execução do hino "God Save the King" do que de ser flagrado roubando uma caixa de esmolas. Durante todos os anos críticos, muitos esquerdistas se empenharam em solapar o moral inglês, tentando disseminar uma perspectiva por vezes irresolutamente pacifista, às vezes violentamente pró-Rússia, mas sempre antibritânica. Questiona-se que efeito isso teve, mas certamente teve algum. Se o povo inglês sofreu por vários anos de um real declínio moral, a ponto de as nações fascistas julgarem que ele era "decadente" e que era seguro mergulhar numa guerra, a sabotagem intelectual promovida pela esquerda era parcialmente responsável. Tanto o *New Statesman* como o *News Chronicle* protestaram contra o acordo de Munique, mas mesmo eles haviam feito algo para torná-lo possível. Dez anos de sistemática perseguição aos Blimps afetou até mesmo os próprios Blimps e tornou ainda mais difícil convencer os jovens inteligentes a ingressarem nas forças armadas. Dada a estagnação do Império, a classe média militar acabaria se degradando de qualquer modo, mas a difusão de um esquerdismo raso acelerou o processo.

Claro está que a posição especial dos intelectuais ingleses no decorrer dos últimos dez anos, enquanto criaturas *negativas*, meros anti-Blimps, foi um subproduto da estupidez da classe governante. A sociedade não tinha como usá-los, e eles não tinham como ver que a devoção ao próprio país implica o "para o melhor e para o pior". Tanto os Blimps como os intelectuais estavam convencidos, como se isso fosse uma lei natural, do divórcio entre o patriotismo e a inteligência. Se você fosse um patriota, então lia a *Blackwood's Magazine* e agradecia publicamente a Deus por ser "não cerebral". E se fosse um intelectual, fazia pouco da bandeira nacional e considerava a coragem física um barbarismo. É óbvio que essa convenção ridícula não pode continuar. O intelectual de Bloomsbury, com a sua risadinha mecânica, é tão antiquado quanto o coronel da cavalaria. Uma nação moderna não pode se permitir nenhum dos dois. O patriotismo e a inteligência vão ter de se encontrar de novo. O fato de estarmos travando uma guerra, e um tipo de guerra muito peculiar, é que vai tornar isso possível.

VI

Um dos acontecimentos mais importantes na Inglaterra nos últimos vinte anos foi a extensão, para cima e para baixo, da classe média. Isto ocorreu em tal escala que tornou quase obsoleta a antiga divisão da sociedade em capitalistas, proletários e pequeno-burgueses (pequenos proprietários).

A Inglaterra é um país no qual a propriedade e o poder financeiro estão concentrados em pouquíssimas mãos. Poucos são aqueles, na Inglaterra moderna, que *possuem* alguma coisa além de roupas, móveis e, possivelmente, uma casa. Há muito os camponeses desapareceram, os lojistas independentes vêm sendo destruídos, os pequenos empresários vêm diminuindo em número. Mas, ao mesmo tempo, a indústria moderna é de tal forma complexa que não consegue subsistir sem uma enorme quantidade de gerentes, vendedores, engenheiros, químicos e técnicos de toda espécie, os quais recebem salários relativamente altos. E estes salários, por sua vez, tornam possível uma classe de profissionais, como médicos, advogados, professores, artistas etc. etc. Assim, a tendência do capitalismo avançado tem sido a de ampliar a classe média, e não a de eliminá-la, como antes parecia provável que fizesse.

Mas bem mais importante é a difusão das ideias e dos

hábitos da classe média entre a classe operária. Hoje, a classe operária britânica encontra-se numa situação melhor, em quase todos os aspectos, do que trinta anos atrás. Isso se deve em parte aos esforços dos sindicatos, mas também em parte ao mero avanço das ciências físicas. Nem sempre se leva em conta que, dentro de limites bastante estreitos, o padrão de vida de um país pode se elevar sem um aumento correspondente nos salários reais. Até certo ponto, a civilização consegue se erguer por seus próprios esforços. Ainda que uma sociedade se organize de forma injusta, determinados avanços técnicos estão fadados a beneficiar a comunidade como um todo, uma vez que certos tipos de bens são necessariamente mantidos em comum. Um milionário não pode, por exemplo, iluminar as ruas para si mesmo e ao mesmo tempo mantê-las na escuridão para os outros. Quase todos os cidadãos dos países civilizados desfrutam hoje de boas estradas, água sem germes, proteção policial, bibliotecas públicas e, provavelmente, de algum tipo de educação gratuita. A educação pública na Inglaterra foi mesquinhamente privada de recursos, mas ainda assim vem melhorando, sobretudo graças aos dedicados esforços dos professores, e o hábito da leitura se tornou amplamente difundido. Numa medida crescente, ricos e pobres leem os mesmos livros, e também veem os mesmos filmes e escutam os mesmos programas de rádio. E as diferenças em seus modos de vida foram reduzidas graças à produção em massa de roupas baratas e às melhorias em habitação. Em relação à aparência externa, as roupas dos ricos e dos pobres, especialmente no caso das mulheres, diferem bem menos hoje do que há trinta ou mesmo quinze anos. Quanto à habitação, a Inglaterra ainda tem cortiços que são uma mácula na civilização, mas na última década foram feitas muitas construções, sobretudo pelas autoridades locais. As moradias sociais recentes, dotadas de banheiros e luz elétrica, são menores do que as casas dos corretores da Bolsa, mas são reconhecidamente o mesmo tipo de habitação, o que as cabanas dos trabalhadores rurais não são. Uma pessoa que cresceu numa moradia social tem maior probabilidade de ter — e visivelmente *tem* — uma perspectiva mais de classe média do que alguém que cresceu num cortiço.

O efeito de tudo isso é um abrandamento geral dos costumes. Isso é intensificado pelo fato de que os métodos industriais modernos sempre tendem a requerer menos esforço muscular e, portanto, deixam as pessoas com mais energia após a jornada de trabalho. Muitos empregados nas indústrias leves são, na verdade, trabalhadores verdadeiramente menos manuais do que um médico ou um merceeiro. Em seus gostos, hábitos, condutas e perspectivas, a classe trabalhadora e a classe média estão se aproximando. As distinções injustas permanecem, mas as diferenças reais diminuem. O velho estilo "proletário" — sem colarinho, com barba por fazer e músculos definidos pelo trabalho pesado — ainda existe, mas está diminuindo continuamente em termos quantitativos; só predomina nas regiões de indústria pesada do norte da Inglaterra.

Depois de 1918, começou a surgir um fenômeno que nunca existiu na Inglaterra: gente de classe social indeterminada. Em 1910, cada ser humano a habitar essas ilhas podia ser "situado" de imediato em função de sua roupa, conduta e sotaque. Isso já deixou de ser verdadeiro. Acima de tudo, não é esse o caso dos novos núcleos urbanos que surgiram como resultado dos carros a motor baratos e do deslocamento das indústrias para o sul. O local para se buscar os germes da futura Inglaterra são as regiões de indústria leve e ao longo das artérias rodoviárias. Em Slough, Dagenham, Barnet, Letchworth, Hayes — na verdade, em qualquer lugar no entorno das grandes cidades —, o antigo padrão aos poucos vem se transformando gradualmente em algo novo. Nessas recém-criadas vastidões de vidro e tijolos, as distinções típicas do modelo mais antigo de cidade, com cortiços e mansões, ou do campo, com casarões e barracos miseráveis, já não existem. Há amplas gradações de renda, mas é o mesmo tipo de vida que está sendo vivido nos vários níveis, em apartamentos modestos ou em moradias sociais, à beira das estradas de concreto e na democracia nua das piscinas. É uma vida um tanto incansável e inculta, girando em torno de comida enlatada, da *Picture Post*, do rádio e do motor a combustão interna. É uma civilização na qual as crianças crescem com um conhecimento íntimo dos magnetos e com total ignorância da Bíblia. A esta civilização pertencem as pessoas que ficam mais à vontade no mundo moderno, e que definitivamente *fazem parte* dele: os técnicos e trabalhadores especializados mais bem pagos, os aviadores e os seus mecânicos, os especialistas em rádio, os produtores de cinema, os jornalistas populares e os químicos industriais. Eles constituem o estrato indeterminado no qual as mais antigas distinções de classe estão começando a ruir.

Esta guerra, a menos que sejamos derrotados, vai eliminar a maioria dos privilégios de classe vigentes. A cada dia há menos pessoas que gostariam que eles perdurassem. Tampouco precisamos temer que, à medida que esse padrão mude a vida cotidiana, a Inglaterra vá perder o seu sabor peculiar. As novas cidades de tijolos vermelhos da Grande Londres ainda são bastante áridas, mas tais coisas não passam da erupção superficial que acompanha qualquer mudança. Seja qual for o formato em que emergir desta guerra, a Inglaterra vai ficar profundamente marcada pelas características que mencionei antes. Os intelectuais que esperam ver o país russianizado ou germanizado vão se desapontar. A afabilidade, a hipocrisia, a irreflexão, a reverência pela lei e a aversão aos uniformes vão permanecer, juntamente com o empadão de massa com banha e os céus nublados. É preciso um desastre muito grande, como a sujeição prolongada a um inimigo externo, para arrasar uma cultura nacional. A Bolsa de Valores vai ser demolida, o arado puxado por animais vai dar lugar ao trator, as casas senhoriais no campo vão virar colônias de férias para crianças, os jogos de críquete entre Eton e Harrow vão cair no esquecimento, mas a Inglaterra continuará sendo a Inglaterra, um animal eterno estendendo-se rumo ao futuro e ao passado, e, como todos os seres vivos, tendo o poder de mudar de forma irreconhecível e, ao mesmo tempo, permanecer a mesma.

PARTE II: LOJISTAS EM GUERRA

I

Iniciei este ensaio ao som das bombas alemãs, e começo esta segunda parte em meio à barulheira adicional do fogo de barragem antiaéreo. Os feixes de luz amarela dos holofotes iluminam o céu, os estilhaços tamborilam nos telhados das casas, e a Ponte de Londres está caindo, caindo, caindo.[17] Qualquer um capaz de ler um mapa sabe que estamos em perigo mortal. Não quero dizer com isso que estamos derrotados ou precisamos ser derrotados. Quase certamente o resultado vai depender da nossa própria vontade. Mas neste momento estamos em apuros, metidos até o pescoço, e chegamos a este ponto por causa dos desatinos que continuamos a cometer e que vão nos afogar a todos se não nos corrigirmos rapidamente.

O que essa guerra tem demonstrado é que o capitalismo privado — isto é, um sistema econômico no qual

---

17 Referência a uma tradicional canção de ninar inglesa, cujo refrão inicial é: "*London Bridge is falling down/ Falling down, falling down./ London Bridge is falling down,/ My fair lady*". (N. T.)

terras, fábricas, minas e o transporte são de propriedade privada e visam unicamente aos lucros — *não funciona*. Ele não consegue cumprir o que promete. Desde muito esse fato é conhecido por milhões de pessoas, mas nunca se fez nada a respeito, porque não havia um impulso real vindo de baixo para alterar o sistema, e aqueles no topo tinham sido treinados para ser inabalavelmente estúpidos justo em relação a esse ponto. Argumentos e propaganda não levaram a nada. Os senhores proprietários simplesmente se acomodaram em seus traseiros e proclamaram que tudo ia dar certo. A conquista da Europa por Hitler, no entanto, foi um desmascaramento *físico* do capitalismo. A guerra, apesar de todos os seus males, é de qualquer modo um teste de força irretorquível, como um brinquedo de parque de diversões que mede a força de um aperto de mão. Só com um aperto vigoroso se recupera a moedinha, e não há como falsificar o resultado.

Quando a hélice de propulsão naval foi inventada, por anos durou a controvérsia em torno do que seria melhor, os vapores movidos a hélice ou aqueles movidos com rodas de pás. Os vapores movidos com rodas de pás, como todas as coisas obsoletas, tinham os seus defensores, que os apoiavam com argumentos engenhosos. Por fim, no entanto, um ilustre almirante amarrou a popa de um vapor com rodas de pás à popa de um vapor a hélice, ambos com caldeiras de potência equivalente, e ligou os motores. Isso resolveu a questão de uma vez por todas. E algo similar ocorreu nos campos de batalha da Noruega e de Flandres. De uma vez por todas se comprovou que uma economia planificada é mais forte do que uma não planificada. Mas é necessário propor aqui algum tipo de definição desses termos tão maltratados, socialismo e fascismo.

Socialismo costuma ser definido como "a propriedade comum dos meios de produção". De forma grosseira: o Estado, representando a nação inteira, é dono de tudo, e todos são empregados do Estado. Isso *não* significa que as pessoas sejam despojadas de seus pertences privados, como roupas e móveis, mas *de fato* significa que todos os bens produtivos, como a terra, minas, navios e máquinas, são de propriedade do Estado. O Estado é o único produtor em grande escala. Não há certeza quanto ao socialismo ser superior ao capitalismo em todos os aspectos, mas é certo que, ao contrário do capitalismo, ele é capaz de resolver os problemas de produção e consumo. Em tempos normais, uma economia capitalista jamais consegue consumir tudo o que produz, e por isso sempre há excedentes desperdiçados (trigo incinerado em fornalhas, arenques devolvidos ao mar etc. etc.) e sempre há desemprego. Em tempos de guerra, por outro lado, tem dificuldade para fabricar tudo o que necessita, pois nada é produzido a menos que alguém encontre aí uma forma de obter algum lucro.

Numa economia socialista tais problemas não existem. O Estado simplesmente calcula quais bens serão necessários e se empenha para produzi-los. A produção é limitada apenas pela quantidade de mão de obra e de matérias-primas. O dinheiro, no âmbito doméstico, deixa de ser uma coisa todo-poderosa e misteriosa e torna-se uma espécie de cupom ou tíquete de racionamento, distribuído em quantidade suficiente para a aquisição daqueles bens de consumo disponíveis no momento.

Entretanto, tornou-se óbvio nos últimos anos que a "propriedade comum dos meios de produção" não basta, em si mesma, como definição suficiente do socialismo. Também é preciso acrescentar o seguinte: a igualdade aproximada dos rendimentos (que não precisa ser mais do que aproximada), a democracia política e a abolição de todo privilégio hereditário, especialmente na educação. Essas são simplesmente as salvaguardas necessárias contra o ressurgimento de um sistema de classes. A propriedade centralizada só faz sentido quando a massa da população está vivendo aproximadamente no mesmo nível e exerce algum tipo de controle sobre o governo. O "Estado" pode vir a significar nada mais do que um partido político autoeleito, e a oligarquia e o privilégio podem retornar, agora baseados no poder e não no dinheiro.

Mas o que é então o fascismo?

O fascismo, ao menos em sua versão alemã, é uma forma de capitalismo que toma emprestado do socialismo apenas aquelas características que o tornam eficiente para propósitos de guerra. Internamente, a Alemanha tem muito em comum com um Estado socialista. A propriedade nunca foi abolida, ainda existem capitalistas e trabalhadores e — este é o ponto importante, e o verdadeiro motivo por que os ricos de todo o mundo tendem a simpatizar com o fascismo —, de maneira geral, os capitalistas continuam a ser os mesmos, bem como os trabalhadores, tal como antes da revolução nazista. Mas, ao mesmo tempo, o Estado, que é simplesmente o Partido Nazista, detém o controle de tudo. Ele controla os investimentos, as matérias-primas, as taxas de juros, as jornadas de trabalho, os salários. O dono de fábrica ainda é dono de sua empresa, mas, em termos práticos, foi reduzido à condição de gerente. Todos são, de fato, empregados do Estado, ainda que haja enorme variação salarial. A mera *eficiência* de um sistema assim, com a eliminação dos desperdícios e obstruções, é óbvia. Em sete anos, ele construiu a mais poderosa máquina de guerra que o mundo já conheceu.

Mas a ideia subjacente ao fascismo é irreconciliavelmente diferente daquela que subjaz ao socialismo. Em última análise, o socialismo visa a um Estado mundial de seres humanos livres e iguais. Toma a igualdade de direitos humanos como certa. Já o nazismo pressupõe o oposto. A força que impulsiona o movimento nazista é a crença na *desigualdade* humana, na superioridade dos alemães em relação a todas as outras raças, no direito da Alemanha de dominar o mundo. Fora do Reich alemão, ele não reconhece nenhuma obrigação. Eminentes professores nazistas "provaram" vezes sem conta que só o homem nórdico é inteiramente humano, até mesmo consideraram a ideia de que os povos não nórdicos (como o nosso) poderiam ser cruzados com gorilas! Portanto, ainda que uma espécie de socialismo-de-guerra exista no Estado alemão, a sua atitude perante as nações conquistadas é francamente a de um explorador. A função dos tchecos, poloneses, franceses etc. é simplesmente a de produzir aqueles bens que se fizerem necessários para a Alemanha, e receber em troca o mínimo possível para evitar que se rebelem abertamente. Se formos conquistados, nossa tarefa será provavelmente fabricar armamentos para as iminentes guerras de Hitler contra a Rússia e os Estados Unidos. Os nazistas visam, com efeito, estabelecer uma espécie de sistema de castas, com quatro castas principais bastante próximas às da religião hindu. No topo está o Partido Nazista, em segundo lugar vem a massa do povo alemão, em terceiro as populações europeias conquistadas. Em quarto e último lugar vêm os povos de cor, os "semimacacos", como são chamados por Hitler, que devem ser abertamente submetidos à escravidão.

Por mais horrível que nos pareça um sistema do tipo, ele *funciona*. Funciona porque é um sistema planificado e ajustado para alcançar um objetivo definido, a conquista do mundo, sem permitir que qualquer interesse particular, seja do capitalista seja do trabalhador, fique no caminho. O capitalismo britânico não funciona, porque é um sistema competitivo no qual o lucro privado é e deve ser o principal objetivo. É um sistema no qual todas as forças puxam em direções opostas e os interesses do indivíduo com frequência não são completamente opostos aos interesses do Estado.

Durante todos os anos críticos, o capitalismo britânico, com seu imenso parque industrial e seu incomparável suprimento de mão de obra qualificada, não se mostrou à altura do esforço de preparação para a guerra. A fim de se preparar para a guerra na escala moderna é preciso desviar a maior parte da renda nacional para produzir armamentos, o que significa reduzir os bens de consumo. Um avião bombardeiro, por exemplo, custa o equivalente a cinquenta automóveis pequenos, ou a 80 mil pares de meias de seda, ou a 1 milhão de pães. Claramente não se pode ter *muitos* bombardeiros sem um rebaixamento do padrão de vida nacional. Ou você escolhe armas ou manteiga, como observava o marechal Goering. Mas na Inglaterra de Chamberlain não se podia fazer essa transição. Os ricos não aceitariam os impostos necessários e, embora os ricos ainda continuem visivelmente ricos, também não é possível taxar os pobres em demasia. Além do mais, enquanto o *lucro* continuar sendo o principal objetivo, o fabricante não tinha incentivo para passar dos bens de consumo aos armamentos. O primeiro dever de um empresário é para com os seus acionistas. Talvez a Inglaterra precise de tanques de guerra, mas talvez seja mais rentável produzir carros de passeio. Impedir que o material de guerra caia nas mãos do inimigo é um senso comum, mas vendê-lo pelo melhor preço no mercado é um dever comercial. Até o final de agosto de 1939, os negociantes britânicos estavam se atropelando uns aos outros na ânsia de vender à Alemanha estanho, borracha, cobre e goma-laca — e isso com o claro e certo conhecimento de que a guerra iria eclodir em uma ou duas semanas. Isso era tão sensato quanto vender uma lâmina de barbear a alguém disposto a cortar a própria garganta. Mas era um "bom negócio".

E agora veja as consequências. Depois de 1934, sabia-se que a Alemanha estava se rearmando. Depois de 1936, qualquer um com olhos para ver sabia que a guerra estava a caminho. Depois de Munique, era meramente uma questão de quando ela iria começar. Em setembro de 1939, a guerra se deflagrou. *Oito meses depois*, constatou-se que, em termos de equipamento, o Exército britânico era pouco melhor do que o padrão de 1918. Vimos os nossos soldados lutando desesperadamente até o litoral, com cada avião enfrentando outros três, fuzis contra tanques, baionetas contra metralhadoras. Nem sequer havia revólveres para todos os oficiais. Após um ano de guerra, o exército regular continuava sofrendo com a falta de 300 mil capacetes de metal. E, antes, registrara-se até mesmo escassez de fardas — e isso num dos maiores países produtores de artigos de lã no mundo!

O que ocorreu é que toda a classe abastada, relutante em aceitar uma mudança em seu modo de vida, havia fechado os olhos para a natureza do fascismo e da guerra moderna. E um falso otimismo foi incutido no público em geral pela imprensa marrom, que vive de seus anunciantes e por isso tem interesse em manter as condições normais do negócio. Ano após ano, os jornais de Lord Beaverbrook nos asseguraram, em manchetes enormes, que NÃO HAVERÁ GUERRA, e, até mesmo no princípio de 1939, Lord Rothermere ainda descrevia Hitler como "um grande cavalheiro".[18] E enquanto a Inglaterra, no momento do desastre, se revelava carente de todo o tipo de material bélico, com exceção de navios, não há registro de qualquer escassez de carros de passeio, casacos de pele, gramofones, batom, chocolate ou meias de seda. E alguém ousaria dizer que não persiste até hoje o mesmo cabo de guerra entre o lucro privado e a necessidade pública? A Inglaterra luta por sua vida, mas os negócios têm de lutar pelos lucros. Dificilmente você abre um jornal sem ver esses dois processos contraditórios ocorrendo

---

18 William Maxwell Aitken (1879-1964), conhecido como Lord Beaverbrook, era um influente magnata da imprensa, dono do jornal *Daily Express*. Esmond Harmsworth (1898-1978), visconde de Rothermere, era político conservador e dono do jornal *Daily Mail*. (N. T.)

lado a lado. Na mesmíssima página, vemos o governo nos instando a poupar e o vendedor de algum artigo de luxo inútil nos incitando a gastar. Contribua com a Defesa, mas Guinness é Boa para Você. Compre um avião de caça Spitfire, mas compre também uísque Haig and Haig, creme facial Pond's e chocolates Black Magic.

Mas ainda resta uma esperança — a visível guinada na opinião pública. Se sobrevivermos a esta guerra, a derrota em Flandres vai acabar sendo um dos grandes pontos de virada na história inglesa. Nesse desastre espetacular, a classe trabalhadora, a classe média e até mesmo uma parcela da comunidade empresarial puderam constatar a completa podridão do capitalismo privado. Antes disso, as alegações contra o capitalismo jamais haviam sido *comprovadas*. A Rússia, o único país definitivamente socialista, era atrasada e remota. Todas as críticas se chocavam contra o sorriso contido dos banqueiros e a gargalhada estridente dos corretores de ações. Socialismo? Ha! Ha! Ha! E de onde vai sair o dinheiro? Ha! Ha! Ha! Os senhores proprietários estavam firmes em seus assentos, e bem o sabiam. Mas, após o colapso francês, surgiu algo que não se podia descartar com risos, algo contra o qual nem os talões de cheque nem os policiais tinham serventia — o bombardeio. Zuiii — BOOM! Que foi isso? Ah, não foi nada, apenas uma bomba que caiu na Bolsa de Valores. Zuiii — BOOM! E lá se foi outro quarteirão com os rentáveis prédios de cortiços de alguém. Seja como for, Hitler vai entrar na história como o homem que fez a City londrina engolir o seu riso. Pela primeira vez na vida, os que vivem no conforto sentiram desconforto, e os otimistas profissionais tiveram de admitir que havia alguma coisa errada. Foi um grande passo adiante. Desde então, a tarefa pavorosa de tentar convencer pessoas artificialmente entorpecidas de que uma economia planificada poderia ser melhor do que uma luta-livre generalizada na qual vencem os piores — essa tarefa nunca mais será tão pavorosa de novo.

II

A diferença entre socialismo e capitalismo não é, primordialmente, uma diferença de técnica. Não se pode simplesmente mudar de um sistema para o outro como se instala uma peça de máquina numa fábrica, e então seguir como antes, com as mesmas pessoas em posições de controle. Obviamente há também uma necessidade de mudança completa no poder. Novo sangue, novos homens, novas ideias — na verdadeira acepção da palavra, uma revolução.

Comentei antes sobre a robustez e a homogeneidade da Inglaterra, o patriotismo que perpassa como um fio de ligação quase todas as classes. Depois de Dunquerque, isto se tornou patente a quem quisesse ver. Mas é absurdo supor que a promessa desse momento foi cumprida. Hoje, quase certamente, a massa da população está pronta para as enormes mudanças que se fazem necessárias; mas tais mudanças nem sequer começaram a acontecer.

A Inglaterra é uma família com os membros errados no controle. Somos governados quase que completamente pelos ricos e pelas pessoas que assumem posições de comando por direito hereditário. Poucas ou mesmo nenhuma dessas pessoas são conscientemente traiçoeiras, algumas nem mesmo são estúpidas, mas, enquanto classe, são bastante incapazes de nos conduzir à vitória. Não o conseguiriam mesmo se seus interesses materiais não os impedissem sempre. Como apontei antes, eles foram artificialmente entorpecidos. À revelia de qualquer outro motivo, a lei do dinheiro garante que sejamos governados sobretudo pelos velhos — isto é, por gente absolutamente inapta para entender a época em que vivem ou o inimigo que estão combatendo. No começo desta guerra, nada foi mais desolador do que a maneira pela qual a geração mais velha como um todo conspirou para fingir que se tratava de uma repetição da guerra de 1914-8. Todos os velhos espantalhos voltaram à tona, vinte anos mais velhos, com o crânio ainda mais saliente. Ian Hay animava as tropas, Belloc escrevia artigos sobre estratégia, Maurois falava no rádio, Bairnsfather desenhava cartuns. Era como um chá das cinco dos fantasmas. E esse estado de coisas mal se alterou. O choque do desastre trouxe à linha de frente uns poucos homens competentes, como Bevin, mas em geral ainda somos comandados por gente que passou pelos anos de 1931 a 1939 sem sequer se dar conta de que Hitler era perigoso. Uma geração de gente incapaz de aprender paira sobre nós como um colar de cadáveres.

Assim que se examina qualquer problema desta guerra — e não importa se referente a aspectos mais amplos de estratégia ou a detalhes ínfimos de organização interna —, percebe-se que as medidas necessárias não poderão ser tomadas enquanto a estrutura social da Inglaterra continuar a ser o que é. Inevitavelmente, por sua posição e formação, a classe governante luta por seus privilégios, os quais não podem se reconciliar com o interesse público. É um equívoco imaginar que objetivos de guerra, estratégia, propaganda e organização industrial existam em compartimentos estanques. Tudo está interconectado. Cada plano estratégico, cada método tático e mesmo cada arma terão o carimbo do sistema social que os produziram. Os membros da classe dominante inglesa estão lutando contra Hitler, a quem sempre consideraram, e a quem alguns ainda consideram, um protetor contra o bolchevismo. Isso não quer dizer que vão deliberadamente se vender; mas que, em cada momento decisivo, eles provavelmente vão hesitar, vão se conter, vão fazer a coisa errada.

Até o governo Churchill interromper de certo modo esse processo, eles vieram acumulando erros, e com um instinto certeiro, desde 1931. Ajudaram Franco a derrubar o governo espanhol, embora qualquer um que não fosse imbecil poderia ter avisado a eles que uma Espanha fascista seria hostil à Inglaterra. Forneceram material bélico à Itália durante todo o inverno de 1939-40, ainda que fosse óbvio a todo o mundo que os italianos nos atacariam na primavera. Em nome de algumas centenas de milhares de rentistas, eles estão transformando um aliado, a Índia, em inimigo. Além disso, enquanto as classes abastadas permanecerem no comando, não podemos desenvolver nenhuma estratégia que não seja *defensiva*. Toda vitória implica mudança no status quo. Como vamos expulsar os italianos da Abissínia sem despertar ecos entre os povos de cor do nosso próprio Império? Como podemos esmagar Hitler sem correr o risco de levar ao poder os socialistas e os comunistas alemães? Os esquerdistas que lamentam que "essa é uma guerra capitalista" e que o "imperialismo britânico" luta por despojos estão com a cabeça fora do lugar. A última coisa que as classes abastadas britânicas querem é adquirir novos territórios. Seria simplesmente um constrangimento. Seu objetivo de guerra (ao mesmo tempo inatingível e inexpressável) se resume a preservar o que já têm.

Internamente, a Inglaterra continua a ser o paraíso dos ricos. Toda conversa de "igualdade de sacrifícios" é um disparate. Ao mesmo tempo que se exige que os trabalhadores industriais suportem mais horas de labuta, são publicados nos jornais anúncios do tipo "Criado. Família de um, oito serviçais". As populações bombardeadas do East End passam fome e ficam ao relento enquanto as vítimas mais ricas simplesmente entram em seus carros e fogem para confortáveis residências no campo. Em poucas semanas, a Guarda Nacional vê-se inflada com 1 milhão de homens, e é deliberadamente organizada de cima para baixo, de modo que apenas quem vive de renda privada possa ocupar posições de comando. Mesmo o sistema de racionamento funciona de tal modo que atinge os pobres o tempo todo, ao passo que pessoas com rendimentos superiores a 2 mil libras anuais praticamente não são afetadas. Por todos os lados os privilégios estão desperdiçando a boa vontade. Em tais circunstâncias, até a propaganda se torna quase impossível. Como tentativas de mobilizar o sentimento patriótico, os cartazes vermelhos distribuídos no início da guerra pelo governo Chamberlain superaram todos os recordes de nulidade. Contudo, não poderia ter sido muito diferente, pois como Chamberlain e seus seguidores iriam assumir o risco de incitar um forte sentimento popular *contra o fascismo*? Qualquer um genuinamente hostil ao fascismo também deve se opor ao próprio Chamberlain e a todos os outros que ajudaram Hitler a chegar ao poder. O mesmo vale para a propaganda externa. Em todos os discursos de Lord Halifax, não há nenhuma proposta concreta pela qual um único habitante da Europa arriscaria a ponta do seu mindinho. Pois qual poderia ser o objetivo de guerra de Halifax, ou de outro da mesma laia, além de fazer o relógio retroceder a 1933?

É somente pela revolução que o gênio nativo do povo inglês pode ser libertado. Revolução não significa bandeiras vermelhas e confronto nas ruas; significa uma mudança fundamental no poder. Se ela se dá com ou sem derramamento de sangue é, em grande parte, um acidente de época e local. Tampouco significa a ditadura de uma única classe. As pessoas na Inglaterra que entendem quais mudanças são necessárias e são capazes de levá-las até o fim não estão restritas a uma classe determinada, embora seja verdade que entre elas há pouquíssimas com renda superior a 2 mil libras anuais. O que se requer é uma revolta aberta e consciente por parte das pessoas comuns, contra a ineficiência, o privilégio de classe e o domínio dos velhos. Não se trata primordialmente de uma questão de mudança de governo. De maneira geral, os governos britânicos representam de fato a vontade popular, e se alterarmos nossa estrutura de baixo para cima, teremos o governo de que precisamos. Embaixadores, generais, funcionários públicos e administradores coloniais senis ou pró-fascistas são mais perigosos do que ministros de Estado cujas tolices são cometidas em público. Por toda a nossa vida nacional temos de lutar contra o privilégio, contra a noção de que um aluno desmiolado de escola privada tem mais aptidão para o comando do que um mecânico inteligente. Embora existam *indivíduos* talentosos e honestos entre eles, temos de romper o domínio das classes abastadas como um todo. A Inglaterra precisa assumir a sua verdadeira forma. A Inglaterra que está logo abaixo da superfície, nas fábricas e nas redações dos jornais, nos aviões e nos submarinos, tem que se encarregar de seu próprio destino.

A curto prazo, a igualdade de sacrifícios, o "comunismo de guerra", é até mais importante do que mudanças econômicas radicais. É muito necessário que a indústria seja nacionalizada, mas é ainda mais urgente e necessário que tais monstruosidades como criados e "rendas de investimentos" acabem de imediato. É quase certo que o principal motivo que permitiu à república espanhola seguir lutando por dois anos e meio, e em meio a desvantagens tremendas, foi o fato de não haver contrastes flagrantes de riqueza. As pessoas sofreram terrivelmente, mas todos sofreram de forma parecida. Quando o soldado raso ficava sem cigarros, o mesmo ocorria com o general. Se houvesse igualdade de sacrifício, o moral de um país como a Inglaterra seria provavelmente inabalável. Mas no momento não podemos recorrer a nada além de um patriotismo tradicional, mais arraigado aqui do que em outras partes, mas não necessariamente ilimitado. Em algum momento será preciso lidar com o sujeito que diz "eu não estaria pior sob Hitler". Mas que resposta dar a ele — isto é, a que resposta se pode esperar que ele daria ouvidos — enquanto soldados comuns arriscam a vida em troca de cinco xelins por dia, e mulheres gordas circulam em Rolls-Royces com pequineses no colo?

É bem provável que esta guerra se estenda por três anos. Ela vai significar trabalho exaustivo, invernos gelados e tediosos, comida insossa, falta de entretenimento, bombardeios prolongados. Só fará diminuir o padrão de vida geral, porque o essencial numa guerra é fabricar armamentos, e não bens de consumo. A classe trabalhadora terá de sofrer coisas terríveis. E eles *terão de* encarar esse sofrimento, quase indefinidamente, se souberem pelo que estão lutando. Eles não são covardes, e nem sequer têm uma perspectiva internacionalista. Eles podem suportar tudo o que suportaram os trabalhadores espanhóis, e ainda mais. Mas irão querer algum tipo de prova de que uma vida melhor está por vir para eles e seus filhos. A única certeza disso é que, ao serem convocados a pagar mais impostos e a trabalhar mais, eles verão que os ricos estão sendo atingidos com força ainda maior. E, quanto mais alto os ricos gritarem, melhor.

Somos capazes de fazer isso acontecer, se de fato quisermos. Não é verdade que a opinião pública não tem poder na Inglaterra. Ela nunca se fez ouvir sem obter algum resultado; foi responsável pela maioria das mudanças ocorridas para melhor nos últimos seis meses. Mas nos movemos com a lentidão de uma geleira, e só aprendemos a partir de desastres. Foi preciso a queda de Paris para nos livrarmos de Chamberlain, e o sofrimento desnecessário de dezenas de milhares de moradores do East End para nos livrarmos, ao menos em parte, de Sir John Anderson.[19] Não vale a pena perder uma batalha para

---

19 John Anderson, visconde Waverly (1882-1958), foi secretário do Interior e o responsável pela defesa civil até outubro de

poder enterrar um cadáver. Pois estamos lutando contra inteligências malévolas e ligeiras, e o tempo urge, e

> *aos derrotados a história*
> *pode dizer Ai de mim!, mas não tem como alterar nem*
> *[perdoar.*[20]

III

Ao longo dos últimos seis meses, ouviu-se falar muito da "quinta-coluna". De tempos em tempos, lunáticos obscuros têm sido detidos por fazer discursos a favor de Hitler, e um grande número de refugiados alemães acabou sendo confinado, uma medida que quase certamente muito nos prejudicou na Europa. É óbvio, claro, que a ideia de um exército imenso e organizado de quinta-colunistas surgindo de repente nas ruas com armas nas mãos, como na Holanda e na Bélgica, é ridícula. Apesar disso, de fato existe o perigo de uma quinta-coluna. Só podemos considerar essa possibilidade se também levarmos em conta a maneira pela qual a Inglaterra poderia ser derrotada.

Não parece provável que os bombardeios aéreos sejam decisivos numa guerra de grande escala. A Inglaterra pode muito bem ser invadida e conquistada, mas a invasão seria uma jogada arriscada, e, caso acontecesse e fracassasse, provavelmente nos deixaria mais unidos e menos dominados pelos Blimps do que antes. Além disso, se

---

1940, meses após Chamberlain deixar o governo; sob Winston Churchill, Anderson continuou participando do gabinete de Guerra. (N. T.)

20 "*History to the defeated/ May say Alas but cannot help or pardon.*" Versos finais do poema "Spain", de W. H. Auden, escrito e publicado em 1937, durante a Guerra Civil Espanhola. Orwell modificou o verbo *help* para *alter*. (N. T.)

a Inglaterra fosse invadida por tropas estrangeiras, o povo inglês saberia que foi derrotado e continuaria a lutar. É discutível se ele poderia ser submetido permanentemente, ou se Hitler deseja manter um exército de 1 milhão de soldados nestas ilhas. Bem mais conveniente para ele seria um governo de _____, _____ e _____ (podem preencher os nomes). Os ingleses provavelmente não podem ser forçados a uma rendição, mas poderiam ser facilmente levados a esse ponto pelo tédio, pela lisonja ou pelo logro, desde que, como aconteceu em Munique, não soubessem que estavam se rendendo. Isso poderia ocorrer com mais facilidade num momento em que a guerra aparentasse estar correndo bem, e não o contrário. O tom ameaçador de boa parte da propaganda alemã e italiana é um erro psicológico. Só cala fundo nos intelectuais. Com o público em geral, a abordagem adequada seria "Vamos chamar isso de empate". É quando se apresentar uma oferta de paz *nesses* termos que os pró-fascistas levantarão sua voz.

Mas quem são os pró-fascistas? A ideia de uma vitória de Hitler tem apelo entre os muito ricos, os comunistas, os seguidores de Mosley, os pacifistas e entre certos segmentos católicos. Além disso, se a situação piorar muito na frente doméstica, todo o segmento mais pobre da classe trabalhadora poderia dar meia-volta e adotar uma posição derrotista, ainda que não ativamente pró-Hitler.

Nessa lista heterogênea é possível ver a ousadia da propaganda alemã, a sua disposição de contentar a todos. Porém, as diversas forças pró-fascistas não estão conscientemente atuando em conjunto, e operam de diferentes maneiras.

Os comunistas devem certamente ser vistos como pró-Hitler, e assim estão fadados a permanecer a menos que a política russa mude, mas eles não têm muita influência. Os camisas-negras de Mosley, embora agora estejam bem encobertos, constituem um perigo maior, devido ao apoio com que provavelmente contam nas forças armadas. Ainda assim, nem em seus dias mais gloriosos Mosley deve ter contado com mais de 50 mil seguidores. Já o pacifismo é mais uma curiosidade psicológica do que um movimento político. Alguns dos pacifistas mais extremados, que começaram advogando pela completa renúncia à violência, acabaram por defender Hitler calorosamente e até a se entreter com o antissemitismo. Isso é interessante, mas não é importante. O pacifismo "puro", que é um subproduto da potência naval, só atrai pessoas em posições muito resguardadas. Além do mais, sendo negativo e irresponsável, não inspira muita devoção. Entre os pacifistas da organização Peace Pledge Union, menos de 15% pagam as suas contribuições anuais. Nenhum desses grupos de pessoas — pacifistas, comunistas ou camisas-negras — teria condições de lançar por conta própria um movimento em grande escala do tipo "parem com a guerra". Mas teriam condições de facilitar bem as coisas para um governo traidor e empenhado em negociar uma rendição. Tal como os comunistas franceses, eles poderiam se tornar os agentes semiconscientes dos milionários.

O verdadeiro perigo vem de cima. Não se deve dar atenção ao tipo de discurso assumido recentemente por Hitler, em que se faz passar por amigo dos pobres, inimigo da plutocracia etc. etc. O verdadeiro Hitler está no *Mein Kampf*, e em suas ações. Ele nunca perseguiu os ricos, exceto quando eram judeus ou tentaram se opor ativamente a ele. Hitler defende uma economia centralizada, que despoja o capitalista de grande parte de seu poder, mas preserva quase intacta a estrutura anterior da sociedade. O Estado controla a indústria, mas ainda há ricos e pobres, patrões e empregados. Portanto, enquanto opositoras do socialismo genuíno, as classes abastadas sempre estiveram ao lado dele. Isso ficou cristalino na época da Guerra Civil Espanhola, e de novo claro na época em que a França se rendeu. O governo títere de Hitler não é de trabalhadores, mas uma gangue de banqueiros, generais caducos e políticos de direita corruptos.

Esse tipo de traição espetacular e *consciente* tem menor probabilidade de ser bem-sucedida na Inglaterra; na verdade, é bem pouco provável que seja mesmo tentado. Ainda assim, para muitos que pagam impostos sobre os rendimentos, esta guerra não passa de uma insana briga familiar que deveria ser interrompida a todo custo. Não há por que duvidar que um movimento pela "paz" esteja em gestação em algum setor dos altos escalões; provavelmente já se constituiu até mesmo um gabinete-sombra. Tais pessoas vão agarrar a sua oportunidade, não no momento da derrota, mas em um período de estagnação, quando o tédio for reforçado pelo descontentamento. Elas não vão falar em rendição, mas apenas em paz — e sem dúvida vão persuadir a si mesmas, e talvez a outros, de que têm a melhor das intenções. Um exército de desempregados liderado por milionários citando o Sermão da Montanha — esse é o nosso perigo. Porém isso jamais acontecerá se tivermos introduzido um grau razoável de justiça social. A madame no Rolls-Royce é mais prejudicial ao moral do que uma esquadrilha de bombardeiros de Goering.

PARTE III: A REVOLUÇÃO INGLESA

I

A revolução inglesa teve início vários anos atrás, e começou a ganhar impulso quando as tropas retornaram de Dunquerque. Como tudo na Inglaterra, ela acontece de forma sonolenta e relutante, mas acontece. A guerra a acelerou, mas também aumentou, e de modo desesperado, sua carência de velocidade.

O progresso e a reação estão deixando de ter qualquer vínculo com os rótulos partidários. Se fosse o caso de apontar um momento específico, caberia dizer que a antiga distinção entre direita e esquerda ruiu quando começou a ser publicada a revista *Picture Post*. Quais são as posições políticas da *Picture Post*? Ou da peça *Cavalcade*, ou dos programas de rádio de J. B. Priestley, ou dos editoriais do *Evening Standard*? Nenhuma das velhas classificações seriam adequadas. Eles meramente indicam a existência de multidões de pessoas não rotuladas que, nos últimos um ou dois anos, se deram conta de que algo está errado. Mas como uma sociedade sem classes e sem proprietários é, em geral, chamada de "socialismo", podemos assim classificar a sociedade para a qual estamos caminhando. A guerra e a revolução são inseparáveis. Não podemos instaurar nada que uma nação ocidental consideraria como socialismo sem antes derrotar Hitler; por outro lado, não podemos derrotar Hitler se permanecermos, econômica e socialmente, no século XIX. O passado está lutando contra o futuro, e temos dois anos, um ano, talvez apenas alguns meses, para assegurar que o futuro vença.

Não podemos esperar que este, ou qualquer governo similar, leve a cabo as mudanças necessárias por conta própria. A iniciativa terá de vir de baixo. Isso significa que será preciso surgir algo que nunca existiu na Inglaterra, um movimento socialista que de fato conte com o apoio da massa da população. Mas é preciso começar reconhecendo os motivos pelos quais o socialismo inglês fracassou.

Na Inglaterra há apenas um partido socialista que alguma vez chegou a ter importância: o Partido Trabalhista. Ele nunca foi capaz de alcançar uma mudança significativa porque, exceto em questões puramente internas, jamais adotou uma política genuinamente independente. Foi e continua sendo primordialmente um partido dos sindicatos, dedicado a obter aumentos salariais e a melhoria das condições de trabalho. Isso significa que, durante todos os anos cruciais, esteve diretamente interessado na prosperidade do capitalismo britânico. Em particular, esteve interessado na manutenção do Império Britânico, pois a riqueza da Inglaterra era oriunda, em grande medida, da Ásia e da África. O padrão de vida dos trabalhadores sindicalizados, a quem o Partido Trabalhista representava, dependia indiretamente do suor dos cules indianos. Ao mesmo tempo, o Partido Trabalhista era um partido socialista, usando a fraseologia socialista, pensando em termos de um anti-imperialismo antiquado e mais ou menos comprometido com uma reparação às raças de cor. Ele teve de apoiar a "independência" da Índia, bem como teve de apoiar o desarmamento e o "progresso" em geral. No entanto, todos tinham consciência de que isso era um disparate. Na era do tanque de guerra e do avião bombardeiro, países agrícolas atrasados, como a Índia e as colônias africanas, têm tantas condições de ser independentes quanto um gato ou um cão. Se qualquer governo trabalhista tivesse chegado ao poder com clara maioria e, em seguida, se empenhado em conceder à Índia algo que pudesse ser chamado de uma verdadeira independência, a Índia simplesmente teria sido absorvida pelo Japão, ou partilhada entre o Japão e a Rússia.

Um governo trabalhista no poder teria à sua disposição três possíveis políticas imperiais. A primeira seria continuar administrando o Império exatamente como antes, o que significaria abandonar qualquer pretensão ao socialismo. Outra seria "libertar" os povos subjugados, o que, na prática, significaria entregá-los ao Japão, à Itália e a outras potências predatórias, e incidentalmente causando uma queda catastrófica no padrão de vida britânico. A terceira seria desenvolver uma política imperial *positiva*, e visar transformar o Império numa federação de Estados socialistas, como uma versão mais frouxa e livre da União das Repúblicas Soviéticas. Mas a história e a origem do Partido Trabalhista tornaram isso impossível. Era um partido dos sindicatos, de perspectiva irremediavelmente paroquial, com pouco interesse em questões imperiais e sem contato algum com os homens que de fato cuidavam de manter o Império unido. Ele teria de entregar a administração da Índia e da África e todo o encargo de defesa imperial a homens originários de uma classe diferente e tradicionalmente hostil ao socialismo. Eclipsando tudo isso, haveria a dúvida quanto à capacidade de um governo trabalhista sério se fazer obedecer. A despeito da quantidade de seus seguidores, o Partido Trabalhista não contava com apoio na Marinha, pouco ou nenhum no Exército e na Força Aérea, e absolutamente nenhum nos departamentos coloniais, e nem sequer um apoio confiável no funcionalismo público. Na Inglaterra, a sua situação era firme, mas não incontestável, e fora da Inglaterra todos os elementos cruciais estavam nas mãos de seus inimigos. Uma vez no poder, o mesmo dilema sempre o confrontaria: cumprir as suas promessas e se arriscar a uma revolta, ou dar continuidade às mesmas políticas dos conservadores e parar de falar em socialismo. Os líderes trabalhistas jamais encontraram uma solução e, de 1935 em diante, era muito duvidoso se de fato tinham qualquer interesse em chegar ao governo. Eles haviam degenerado numa oposição permanente.

Fora do Partido Trabalhista existiam vários partidos extremistas, dos quais o mais forte era o dos comunistas. Os comunistas haviam exercido considerável influência no Partido Trabalhista nos períodos de 1920-6 e 1935-9. Sua importância capital, deles e de toda a ala esquerda do movimento trabalhista, estava no papel que desempenharam para alienar as classes médias do socialismo.

A história dos últimos sete anos deixou perfeitamente claro que o comunismo não tem a menor chance na Europa Ocidental. O apelo do fascismo é extraordinariamente maior. Num país após o outro, os comunistas foram extirpados por seus inimigos mais modernos, os nazistas. Nos países de língua inglesa, eles nunca tiveram um apoio sério. O credo que difundiam era capaz de atrair apenas um tipo raro de pessoas, encontrado sobretudo na intelligentsia de classe média, o tipo que deixou de amar o seu país mas ainda sente falta do patriotismo e, por isso, desenvolve sentimentos patrióticos pela Rússia. Em 1940, depois de trabalharem por duas décadas e gastarem muito dinheiro, os comunistas britânicos mal tinham 20 mil membros, um número de simpatizantes menor, aliás, do que em 1920. Os outros partidos marxistas eram ainda menos importantes. Não contavam com o dinheiro e o prestígio russos e, mais até do que os comunistas, permaneciam atados a uma doutrina de guerra de classes do século XIX. Ano após ano, continuaram a pregar esse evangelho antiquado, sem jamais perceber que ele nunca os ajudou a conquistar seguidores.

Tampouco surgiu qualquer movimento fascista nativo mais forte. As condições materiais não eram ruins o suficiente, e não se apresentou nenhum líder que pudesse ser levado a sério. Teria sido preciso procurar muito até achar alguém tão pobre de ideias como Sir Oswald Mosley.[21] Ele não enxergava um palmo adiante do nariz. Escapou-lhe até mesmo o fato elementar de que o fascismo não pode ofender o sentimento nacional. Todo o seu movimento era uma imitação servil do estrangeiro, o uniforme e o programa partidário da Itália e a saudação da Alemanha, com as perseguições aos judeus acrescidas só tardiamente — na verdade, quando Mosley lançou seu movimento, alguns dos seus mais proeminentes segui-

---

21 Oswald Mosley (1896-1980), parlamentar vinculado inicialmente ao Partido Conservador e, depois, ao Partido Trabalhista, do qual se desligou em 1931, quando fundou o New Party (Partido Novo) e, no ano seguinte, a British Union of Fascists (União Britânica dos Fascistas), proscrita pelo governo em 1940. (N. T.)

dores eram judeus. Um homem da laia de Bottomley ou Lloyd George talvez pudesse ter criado um verdadeiro movimento fascista britânico.[22] Mas tais líderes só aparecem quando existe uma necessidade psicológica deles.

Mesmo após vinte anos de estagnação e desemprego, o movimento socialista inglês como um todo foi incapaz de produzir uma versão do socialismo que a massa da população achasse ao menos desejável. O Partido Trabalhista defendia um reformismo tímido, os marxistas contemplavam o mundo moderno através das lentes do século XIX. Ambos ignoravam os problemas da agricultura e do imperialismo, e ambos antagonizavam as classes médias. A sufocante estupidez da propaganda da esquerda havia afugentado classes inteiras de gente indispensável: gerentes de fábricas, aviadores, oficiais navais, agricultores, colarinhos-brancos, lojistas, policiais. Toda essa gente havia sido ensinada a considerar o socialismo como algo que ameaçava a sua subsistência, ou então como algo sedicioso, alheio, "antibritânico", como teriam dito. Apenas os intelectuais, o segmento menos útil da classe média, gravitaram para o movimento.

Um partido socialista que genuinamente desejasse alcançar alguma coisa teria começado por encarar vários fatos até hoje considerados impronunciáveis nos círculos esquerdistas. Teria reconhecido que a Inglaterra é mais unida do que a maioria dos países, que os trabalhadores britânicos têm muito mais a perder do que os seus grilhões, e que as diferenças nas concepções e hábitos

---

22 Arthur Bottomley (1907-95), sindicalista, membro do Parlamento após 1945 e ministro em vários governos nas décadas de 1950 e 1960. Político liberal, David Lloyd George (1863-1945) foi primeiro-ministro do Reino Unido de 1916 a 1922. Favorável ao entendimento com a Alemanha nazista na década de 1930, continuou influente na política britânica até o início da guerra. (N. T.)

entre as classes estão diminuindo rapidamente. De maneira geral, teria reconhecido que a antiquada "revolução proletária" é uma impossibilidade. Mas no decorrer dos anos do entreguerras não surgiu nenhum programa socialista que fosse ao mesmo tempo revolucionário e viável; basicamente, sem dúvida, porque ninguém queria genuinamente que ocorresse qualquer mudança maior. Os líderes trabalhistas queriam seguir na mesma toada, recebendo os seus salários e periodicamente alternando-se nos postos com os conservadores. Os comunistas queriam seguir na mesma toada, sofrendo um martírio confortável, encontrando intermináveis derrotas e em seguida atribuindo a culpa aos outros. A intelligentsia de esquerda queria seguir na mesma toada, zombando dos Blimps, minando o moral da classe média, mas mantendo ainda assim sua posição favorecida como parasita dos rentistas. A política do Partido Trabalhista se tornara uma variante do conservadorismo, e a política "revolucionária", um jogo de faz de conta.

Agora, contudo, as circunstâncias mudaram, os anos letárgicos acabaram. Ser um socialista não mais significa teoricamente desferir golpes contra um sistema com o qual, na prática, se está razoavelmente satisfeito. Desta vez estamos de fato em apuros. Agora, "os filisteus vêm sobre ti, Sansão!".[23] Temos de fazer com que nossas palavras assumam um caráter físico, ou vamos perecer. Sabemos muito bem que, com a sua atual estrutura social, a Inglaterra não pode sobreviver, e precisamos fazer com que os outros reconheçam esse fato e ajam de acordo. Não podemos vencer a guerra sem introduzir o socialismo, nem implantar o socialismo sem ganhar a guerra. Em tempos assim há a possibilidade, inexistente em épocas de paz, de sermos ao mesmo tempo revolucionários e realistas. Um movimento socialista que consiga

---

[23] Jz 16,20. (N. T.)

atrair o apoio da massa da população, que desaloje os pró-fascistas das posições de comando, que elimine as injustiças mais flagrantes e permita à classe trabalhadora entrever uma razão pela qual lutar, que conquiste as classes médias em vez de antagonizá-las, que resulte numa política imperial viável em vez de uma mescla de enganação e utopianismo, que estabeleça uma parceria entre o patriotismo e a inteligência — pela primeira vez, um movimento desse tipo torna-se possível.

II

O fato de estarmos em guerra transformou o socialismo de um termo de livro didático em uma política realizável.

A ineficiência do capitalismo privado já se comprovou em toda a Europa. Sua injustiça já se comprovou no East End londrino. O patriotismo, contra o qual os socialistas lutaram por tanto tempo, tornou-se uma tremenda alavanca em suas mãos. Pessoas que, em outras épocas, se agarrariam como cola a seus miseráveis fiapos de privilégio deles abdicarão rapidamente quando o próprio país correr perigo. A guerra é o maior de todos os agentes de mudança. Ela acelera todos os processos, elimina as distinções secundárias, traz a realidade à tona. Acima de tudo, a guerra cala fundo no indivíduo. Que ele *não* é inteiramente um indivíduo. É somente por estar cientes disso que os homens se mostrarão dispostos a morrer no campo de batalha. Neste momento, não se trata de abdicar do lazer, do conforto, da liberdade econômica, do prestígio social. Pouquíssimas pessoas na Inglaterra querem ver seu país realmente conquistado pela Alemanha. Se é possível deixar claro que a derrota de Hitler significa a eliminação dos privilégios de classe, a grande massa de pessoas medianas, a classe de renda entre seis libras por semana e 2 mil libras anuais, provavelmente vai se colocar do nosso lado. Tais pessoas são bastante indispensáveis, porque incluem a maioria dos especialistas técnicos. Obviamente, o esnobismo e a ignorância política de gente como os oficiais da Força Aérea e da Marinha vão ser uma grandessíssima dificuldade. Mas sem esses aviadores, comandantes de destróieres etc. etc. não conseguiríamos sobreviver nem por uma semana. A única maneira de abordá-los é apelando ao seu patriotismo. Um movimento socialista inteligente deve *usar* este patriotismo, em vez de meramente insultá-lo, como fez até aqui.

Estou dizendo com isso que não vai haver oposição? Claro que não. Seria pueril esperar algo assim.

Haverá uma luta política acirrada, e haverá sabotagem, tanto inconsciente como semiconsciente, por toda parte. Num ou noutro momento talvez seja necessário usar de violência. É fácil imaginar uma rebelião pró-fascista eclodindo, por exemplo, na Índia. Teremos de combater a corrupção, a ignorância e o esnobismo. Os banqueiros e os grandes empresários, os proprietários de terras e os rentistas, os funcionários públicos com seus traseiros preênseis vão resistir o máximo que puderem. Mesmo as classes médias vão se contorcer quando seu modo de vida acomodado for ameaçado. Mas, uma vez que o sentimento de unidade nacional dos ingleses nunca se desintegrou, uma vez que o patriotismo é afinal mais forte que o ódio de classe, existe uma possibilidade de que prevaleça a vontade da maioria. É ínútil imaginar que seja possível realizar mudanças fundamentais sem provocar uma ruptura na nação; mas a minoria traiçoeira será bem menor em época de guerra do que o seria em outros tempos.

A mudança na opinião está acontecendo visivelmente, mas não se pode esperar que, por si mesma, ela aconteça com suficiente rapidez. Esta guerra é uma corrida entre a consolidação do império de Hitler e o crescimento da consciência democrática. Por toda parte da Inglaterra pode-se ver a uma luta renhida entre ambas as tendências — no Parlamento e no governo, nas fábricas e nas forças armadas, nos pubs e nos abrigos antiaéreos, nos jornais e nas rádios. Todo dia há pequenos retrocessos e pequenos avanços. Morrison[24] no ministério do Interior — alguns passos adiante. Priestley[25] expulso do rádio — alguns passos para trás. É uma briga entre o tateante e o incapaz de aprender, entre o jovem e o velho, entre os vivos e os mortos. Mas é verdadeiramente necessário que o descontentamento que sem dúvida existe assuma uma forma propositiva e não apenas obstrutiva. Chegou a hora de *o povo* definir os seus objetivos de guerra. O que se requer é um programa de ação simples e concreto, capaz de ser amplamente divulgado, e em torno do qual a opinião pública possa se agrupar.

O programa de seis pontos a seguir é o tipo de coisa de que, a meu ver, precisamos. Os três primeiros itens têm a ver com a política interna da Inglaterra, os outros três, com o Império e o mundo:

1. Nacionalização das terras, minas, ferrovias, bancos e principais indústrias.

2. Limitação dos rendimentos, de tal modo que a mais alta renda isenta de impostos na Grã-Bretanha não seja superior a dez vezes a renda menor.

3. Reforma do sistema educacional de acordo com critérios democráticos.

4. Imediato estatuto de domínio para a Índia, com o poder de secessão após a guerra.

5. Formação de um Conselho Geral Imperial, no qual os povos de cor sejam representados.

---

24 Herbert Morrison, político do Partido Trabalhista, ministro do Interior no governo de coalização de Churchill durante a guerra. (N. A.)
25 J. B. Priestley, romancista e dramaturgo que, em 1940, tinha um programa diário de cinco minutos ("Postcript") após as notícias da noite. (N. A.)

6. Declaração de aliança formal com a China, a Abissínia e todas as outras vítimas das potências fascistas.

A tendência geral desse programa é inequívoca. Visa muito francamente a transformar esta guerra em uma guerra revolucionária, e a Inglaterra, numa democracia socialista. Nele não incluí deliberadamente nada que esteja além do entendimento e compreensão da pessoa mais simplória. Tal como está formulado, ele poderia ser estampado na primeira página do *Daily Mirror*. Mas, para os propósitos deste ensaio, são necessárias certas amplificações.

1. *Nacionalização*. Pode-se "nacionalizar" a indústria com uma canetada, mas na prática trata-se de um processo lento e complexo. O que se requer é que a propriedade de todas as principais indústrias seja formalmente assumida pelo Estado, representando as pessoas comuns. Feito isto, torna-se possível eliminar a classe dos meros *proprietários* que vivem não em virtude do que produzem, mas de seus títulos de posse e de ações. A propriedade pelo Estado implica, portanto, que ninguém irá viver sem trabalhar. Quão súbita será a mudança que ela implica na conduta da indústria, já é menos certo. Num país como a Inglaterra, não podemos demolir toda a estrutura e reconstruir tudo do zero, ainda mais em época de guerra. Inevitavelmente, a maioria dos conglomerados industriais vai manter como antes grande parte de seu pessoal e os antigos proprietários e os diretores administrativos cumprirão igualmente as suas tarefas, agora como empregados do Estado. Há motivos para se pensar que muitos dos capitalistas menores iriam, na verdade, acolher bem um arranjo desse tipo. A resistência virá dos grandes capitalistas, dos banqueiros, dos proprietários de terras e dos ricos ociosos; em termos grosseiros, da classe com rendimentos superiores a 2 mil libras anuais — e, mesmo se contarmos todos os seus dependentes, não há mais do que meio milhão dessas pes-

soas na Inglaterra. A nacionalização das terras cultiváveis implica a eliminação dos proprietários fundiários e dos beneficiários de tributos, sem necessariamente afetar os agricultores. É difícil imaginar qualquer reorganização da agricultura inglesa que não preserve grande parte das propriedades rurais enquanto unidades, ao menos no princípio. O agricultor, quando competente, vai continuar como um gerente assalariado. Ele já praticamente o é, com a desvantagem adicional de ter de obter lucros e estar em débito permanente com os bancos. No caso de certos tipos de pequenos negócios, e mesmo no da propriedade da terra em menor escala, o Estado provavelmente não vai sequer interferir. Seria um grande equívoco começar pela vitimização da classe dos pequenos proprietários rurais, por exemplo. São pessoas necessárias, em geral competentes, e a quantidade de trabalho que realizam depende da percepção de que são "os seus próprios patrões". Mas o Estado certamente irá impor um limite à propriedade da terra (provavelmente quinze acres no máximo), e jamais permitirá qualquer propriedade fundiária em áreas urbanas.

A partir do momento em que todos os bens produtivos forem declarados propriedade do Estado, as pessoas comuns vão sentir, o que hoje não é o caso, que *elas próprias* são o Estado. Então estarão prontas para suportar os sacrifícios que nos esperam, com ou sem guerra. E mesmo que a face da Inglaterra mal pareça mudar, no dia em que as nossas principais indústrias estiverem oficialmente nacionalizadas a dominância de uma única classe terá sido rompida. Desse ponto em diante, a ênfase vai se deslocar da propriedade para a gerência, do privilégio para a competência. É bem possível que, em si mesma, a propriedade estatal desencadeie uma menor mudança social do que aquela que nos será imposta pelas privações comuns da guerra. Mas este é o passo inicial necessário, sem o qual nenhuma reconstrução *real* é impossível.

2. *Rendimentos*. A limitação dos rendimentos implica o estabelecimento de um salário mínimo, que implica uma moeda interna administrada, baseada apenas na quantidade disponível de bens de consumo. E isso, por sua vez, implica um esquema de racionamento mais rigoroso do que o atual. Nesta altura da história mundial, de nada vale sugerir que todos os seres humanos deveriam ter *exatamente* a mesma renda. Já se comprovou vezes sem conta que, sem algum tipo de compensação monetária, não há incentivo para a realização de determinadas tarefas. Por outro lado, a recompensa monetária não precisa ser muito grande. Na prática, é impossível que as remunerações sejam limitadas de forma tão rígida quanto sugeri. Sempre haverá anomalias e subterfúgios. Mas não há motivo para que a proporção de dez para um não seja a variação máxima normal. E dentro desses limites ainda é possível um sentimento de igualdade. Um homem que receba três libras por semana e outro que ganhe 1500 libras por ano podem se ver como criaturas semelhantes, o que o duque de Westminster e aqueles que dormem nas calçadas do Embankment, à beira do Tâmisa, não podem.

3. *Educação*. Em tempos de guerra, a reforma educacional deve necessariamente ser uma promessa, e não uma realização. No momento não temos condições de aumentar os anos de escolarização ou de ampliar o corpo docente das escolas primárias. Mas poderíamos tomar certas medidas imediatas com vistas a um sistema educacional democrático. Poderíamos começar pela abolição da autonomia das escolas particulares e das universidades mais antigas e inundá-las com alunos financiados pelo Estado e selecionados somente devido à sua capacidade. Atualmente, a educação nas escolas particulares é em parte um treinamento em preconceito de classe e em parte uma espécie de imposto pago pelas classes médias às classes superiores a fim de obter o direito de ingressar

em certas profissões. É verdade que esse estado de coisas vem mudando. As classes médias começaram a se rebelar contra o alto custo da educação, e a guerra vai levar à falência a maioria das escolas particulares caso se estenda por mais um ou dois anos. A evacuação dos alunos também vem ocasionando pequenas mudanças. Mas há o perigo de que algumas das escolas mais antigas, que serão capazes de enfrentar a tormenta financeira por mais tempo, acabem de uma forma ou de outra por sobreviver como núcleos pestilentos de esnobismo. Quanto às 10 mil escolas "privadas" que a Inglaterra possui, a vasta maioria delas merece senão ser extinta. Não passam de empreendimentos comerciais e, em muitos casos, seu nível educacional é na verdade mais baixo que o das escolas primárias. Elas só se mantêm devido à ideia predominante de que há algo de vergonhoso em ser educado por autoridades públicas. O Estado poderia debelar essa ideia declarando-se responsável por *toda* a educação, mesmo que, de início, isso não passe de um gesto. Precisamos de gestos tanto quanto de ações. É demasiado óbvio que nosso papo de "defender a democracia" é um disparate enquanto o mero acaso do nascimento decidir se uma criança talentosa vai receber ou não a formação que merece.

4. *Índia*. O que devemos oferecer à Índia não é "liberdade", o que, como eu disse antes, é impossível, mas aliança, parceria — em resumo, igualdade. Mas também precisamos dizer aos indianos que, caso queiram, estão livres para se separar. Sem isso, não pode haver parceria entre iguais, e nossa reivindicação de que estamos defendendo os povos de cor contra o fascismo jamais será convincente. Mas é um equívoco imaginar que, se fossem livres para seguir o seu caminho, os indianos imediatamente o fariam. Quando um governo britânico lhes *oferecer* uma independência incondicional, eles vão recusá-la. Pois assim que tiverem o poder de se separar, os principais motivos para fazê-lo terão desaparecido.

Uma separação total dos dois países seria um desastre tanto para a Índia quanto para a Inglaterra. Os indianos inteligentes sabem disso. Na presente situação, a Índia não só não consegue se defender sozinha como dificilmente é capaz de alimentar sua população. Toda a administração do país depende de um quadro de especialistas (engenheiros, funcionários florestais, ferroviários, soldados, médicos) que são predominantemente ingleses e não poderiam ser substituídos em cinco ou dez anos. Além disso, o inglês é a principal língua franca, e quase toda a intelligentsia indiana é profundamente anglicizada. Qualquer transferência para outro domínio estrangeiro — pois se os ingleses se retirassem da Índia, o Japão e outras potências imediatamente a tomariam — significaria uma imensa desorganização. Nem japoneses, nem russos, nem alemães, nem italianos seriam capazes de administrar a Índia ou sequer manter o baixo nível de eficiência alcançado pelos britânicos. Eles não possuem o suprimento necessário de especialistas técnicos ou o conhecimento das línguas e das condições locais, e provavelmente não conseguiriam conquistar a confiança de intermediários indispensáveis como os eurasianos. Se a Índia fosse simplesmente "libertada", isto é, privada da proteção militar britânica, o primeiro resultado seria uma nova conquista estrangeira, e o segundo, uma sucessão de crises alimentares que matariam milhões de pessoas de fome em poucos anos.

O que a Índia requer é o poder de elaborar a sua própria Constituição sem interferência britânica, mas em algum tipo de parceria que lhe assegure proteção militar e assessoria técnica. Isso é impensável até que haja um governo socialista na Inglaterra. Por ao menos oitenta anos a Inglaterra tem impedido artificialmente o desenvolvimento da Índia, em parte por temer a concorrência comercial caso as indústrias indianas se desenvolvessem demais, em parte porque é mais fácil governar uma população atrasada do que uma civilizada. É um lugar-comum que o indiano médio sofre mais com seus conterrâneos do que com os britânicos. O pequeno capitalista indiano explora o trabalhador urbano com inclemência absoluta, o camponês vive do nascimento à morte nas mãos do agiota. Mas tudo isso é um resultado indireto do domínio britânico, que visa semiconscientemente a manter a Índia tão atrasada quanto possível. As classes mais leais à Grã-Bretanha são os príncipes, os latifundiários e a comunidade empresarial — as classes reacionárias que estão prosperando com o status quo, em geral. No momento em que a Inglaterra deixar de se colocar em relação à Índia como espoliadora, o equilíbrio de forças vai se alterar. Então não mais será preciso que os britânicos prestigiem os ridículos príncipes indianos, com seus elefantes dourados e exércitos de papelão, ou impedir o crescimento dos sindicatos indianos, jogar muçulmanos contra hindus, proteger a existência inútil do agiota, receber salamaleques de subalternos aduladores, privilegiar os semibárbaros gurkhas em detrimento dos bengalis educados. Uma vez interrompido esse fluxo de dividendos que escorre dos corpos dos cules indianos até as contas bancárias de velhotas em Cheltenham, todo o nexo entre sahibs e nativos, com a ignorância arrogante de um lado, e a inveja e o servilismo do outro, chegará ao fim. Ingleses e indianos podem trabalhar lado a lado para o desenvolvimento da Índia, e para a formação dos indianos em todas aquelas artes que, até agora, eles foram sistematicamente impedidos de aprender. Que parcela do pessoal (comercial ou administrativo) britânico hoje na Índia concordaria com um arranjo desse tipo — o que significaria deixarem de ser sahibs de uma vez por todas — já é outra questão. Porém, falando de forma ampla, pode-se esperar mais dos jovens e dos funcionários (engenheiros civis, especialistas florestais e agrícolas, médicos, educadores) que tiveram uma formação científica. Para os funcionários mais graduados, governadores provinciais, comissários, magistrados etc. não há esperança; mas também são os mais facilmente substituíveis.

Em linhas grosseiras, isso é o que significaria para a Índia a condição de domínio caso fosse oferecida por um governo socialista. Trata-se de uma oferta de parceria em termos igualitários, até o momento em que o mundo tenha deixado de ser governado por aviões bombardeiros. Mas devemos acrescentar ainda o direito incondicional de secessão. É a única maneira de provar que as nossas palavras são para valer. E o que se aplica à Índia também vale, *mutatis mutandis*, para a Birmânia, a Malásia e a maioria das nossas possessões na África.

Os itens 5 e 6 são autoexplicativos. São o preâmbulo necessário a qualquer reivindicação de que estamos travando esta guerra a fim de proteger os povos pacíficos contra a agressão fascista.

Será inacreditavelmente esperançoso imaginar que tal política possa ser adotada na Inglaterra? Um ano atrás, ou mesmo seis meses atrás, seria, mas não agora. Além do mais — e esta é a oportunidade peculiar deste momento —, ela poderia receber toda a divulgação necessária. Há hoje uma imprensa semanal importante, com circulação de milhões de exemplares, que estaria pronta para divulgar, se não *exatamente* o programa que esbocei antes, ao menos *algumas* políticas nesse sentido. Há mesmo três ou quatro jornais diários que estariam preparados para ouvi-lo de bom grado. Essa é a distância que percorremos nos últimos seis meses.

Mas tal política é realizável? Isso vai depender apenas de nós mesmos.

Alguns dos pontos que sugeri poderiam ser implementados de imediato, outros levariam anos ou décadas e ainda assim seu êxito não seria completo. Nenhum programa político jamais foi realizado em sua totalidade. Mas o que importa é que esta, ou coisa parecida, seja nossa política declarada. É sempre a *direção* que conta. É claro que não dá para esperar que o atual governo se comprometa com qualquer política que implique transformar este conflito numa guerra revolucionária. Trata-se, no melhor dos casos, de um governo de compromisso, com Churchill cavalgando dois cavalos ao mesmo tempo, como um acrobata de circo. Antes que medidas como a redução dos rendimentos sejam sequer concebíveis, será preciso haver uma completa mudança no poder, afastando-o da velha classe dominante. Se durante este inverno a guerra entrar em outro período de estagnação, devemos, a meu ver, reivindicar uma eleição geral, algo que a máquina do Partido Conservador se empenhará freneticamente em evitar. Porém, mesmo sem eleições, podemos ter o governo que queremos, desde que o queiramos com suficiente urgência. Uma verdadeira sacudida vinda de baixo vai conseguir isso. Quanto aos nomes que comporão esse governo quando chegar a sua hora, não tenho como adivinhar. Tudo o que sei é que os homens certos vão surgir quando o povo realmente os quiser, pois são os movimentos que fazem os líderes, e não o contrário.

No prazo de um ano, talvez mesmo em seis meses, se ainda não tivermos sido conquistados, veremos surgir algo inédito, um movimento socialista especificamente *inglês*. Até aqui houve somente o Partido Trabalhista, que foi criação da classe trabalhadora mas nunca buscou nenhuma mudança fundamental, e o marxismo, que foi uma teoria alemã interpretada pelos russos e transplantada sem êxito para a Inglaterra. Não houve nada que de fato tocasse o coração do povo inglês. Durante toda a sua história, o movimento socialista inglês nunca produziu uma canção com melodia arrebatadora — nada como *La Marseillaise* ou *La Cucaracha*, por exemplo. Quando surgir um movimento socialista nativo da Inglaterra, os marxistas, bem como todos os outros com um interesse tácito no passado, vão se tornar seus inimigos viscerais. Inevitavelmente eles vão denunciá-lo como "fascismo". Já é costumeiro entre os intelectuais de esquerda mais brandos afirmar que, se lutarmos contra os nazistas, corremos o risco de nos "nazificar". Eles quase poderiam dizer que, se lutarmos contra os negros, vamos acabar nos tornando negros. Para nos "nazificarmos" precisaríamos ter tido a mesma história da Alemanha. As nações não escapam ao seu passado apenas fazendo uma revolução. Um governo socialista inglês vai transformar a nação de cima a baixo, mas ainda irá preservar em todos os aspectos as marcas inequívocas de nossa própria civilização, essa civilização peculiar que discuti antes neste ensaio.

Ele não será doutrinário, nem mesmo lógico. Vai abolir a Câmara dos Lordes, mas muito provavelmente não vai abolir a monarquia. Vai deixar anacronismos e pontas soltas por todos os lados, os magistrados com as ridículas perucas de crina, e o leão e o unicórnio nos quepes dos soldados. Não vai estabelecer nenhuma ditadura de classe explícita. Vai se congregar ao redor do velho Partido Trabalhista, e a massa de seus seguidores estará nos sindicatos, mas também vai atrair grande parte da classe média e muitos dos jovens da burguesia. A maioria das suas lideranças intelectuais virá da nova classe indeterminada de trabalhadores qualificados, especialistas técnicos, aviadores, cientistas, arquitetos e jornalistas, aquelas pessoas que se sentem à vontade na era do rádio e do concreto armado. Mas nunca irá perder o contato com a tradição de compromisso e a crença numa lei que está acima do Estado. Vai fuzilar os traidores, mas não sem antes lhes proporcionar um julgamento formal, e, vez por outra, até os absolverá. Vai esmagar toda rebelião armada de modo rápido e implacável, mas não irá interferir demais na palavra falada e escrita. Partidos políticos com nomes diferentes vão continuar existindo, seitas revolucionárias vão continuar publicando os seus jornais e causando tão pouco impacto quanto antes. Vai desestabilizar a Igreja, mas não perseguirá a religião. Preservará uma vaga devoção ao código moral cristão e, de tempos em tempos, acabará se referindo à Inglaterra como um "país cristão". A Igreja católica vai guerreá-lo, mas as seitas não conformistas e grande parte da Igreja anglicana aprenderão a conviver com ele. Vai demonstrar uma capacidade de assimilar o passado que irá chocar os observadores estrangeiros e às vezes fazê-los se perguntar se, de fato, ocorreu qualquer revolução.

Mas, seja como for, esse governo socialista terá feito o essencial. Terá nacionalizado a indústria, reduzido a disparidade de renda, implantado um sistema educacional não classista. Sua verdadeira natureza se tornará patente a partir do ódio que os homens ricos remanescentes no mundo sentirão por ele. Não terá como objetivo desmantelar o Império, mas transformá-lo numa federação de Estados socialistas, libertada não tanto da bandeira britânica mas do agiota, do rentista e do funcionário britânico obtuso. Sua estratégia de guerra será inteiramente diferente daquela adotada pelo Estado onde predomina a propriedade privada, porque não terá medo dos efeitos revolucionários que se seguem à derrocada de qualquer regime existente. Não terá o menor escrúpulo em atacar países neutros hostis ou em promover rebeliões nativas em colônias inimigas. Lutará de tal forma que, mesmo derrotado, sua memória será perigosa para o vitorioso, como a memória da Revolução Francesa foi perigosa para a Europa de Metternich. Os ditadores irão temê-lo como não temeram o regime britânico vigente, mesmo que em termos militares este seja dez vezes mais forte do que é hoje.

Mas a essa altura, quando a letárgica vida da Inglaterra mal se alterou, e o contraste ofensivo entre riqueza e pobreza ainda existe em toda parte, mesmo em meio às bombas, por que me atrevo a dizer que tudo isso "vai" acontecer?

Porque chegou a hora em que é possível predizer o futuro em termos de "ou-ou". Ou transformamos esta guerra numa guerra revolucionária (não estou afirmando que a nossa política será *exatamente* como indiquei antes — apenas que vai acompanhar essas linhas gerais) ou a perderemos, e muito mais. Muito em breve será possível afirmar em definitivo se estamos nos encaminhando numa direção ou na outra. Porém, de qualquer modo, é certo que, com a nossa atual estrutura social, não podemos vencer. Nossas forças reais, físicas, morais ou intelectuais, não podem ser mobilizadas.

III

Patriotismo nada tem a ver com conservadorismo. Na verdade, é o oposto do conservadorismo, pois é uma fidelidade a algo que está sempre em mutação e, contudo, é visto como misticamente igual. É a ponte entre o futuro e o passado. Nenhum revolucionário de verdade jamais foi internacionalista.

Nos últimos vinte anos, a perspectiva negativa e *fainéant* [preguiçosa] tão em voga entre os esquerdistas ingleses, as risadinhas dos intelectuais diante do patriotismo e da coragem física, o persistente esforço para solapar o moral inglês e difundir uma atitude hedonista, do tipo "o-que-ganho-com-isso", em relação à vida, só causaram prejuízos. Teriam causado prejuízos mesmo que estivéssemos vivendo no universo indolente da Liga das Nações que tais pessoas imaginavam. Numa época de Führers e aviões bombardeiros, foi um desastre. Por menos que se goste disso, o enrijecimento é o preço da sobrevivência. Uma nação ensinada a pensar hedonisticamente não consegue sobreviver em meio a povos que trabalham como escravos e procriam como coelhos, e cuja principal indústria nacional é a guerra. Socialistas ingleses de quase todos os matizes quiseram tomar posição contra o fascismo, mas ao mesmo tempo buscaram reverter a belicosidade dos próprios conterrâneos. Fracassaram, porque na Inglaterra as lealdades tradicionais são mais fortes que as recentes. Mas, apesar de todas as bravatas "antifascistas" da imprensa de esquerda, que chance teríamos de fato no confronto com o fascismo se o inglês médio fosse o tipo de criatura em que o *New Statesman*, o *Daily Worker* ou até o *News Chronicle* gostariam de transformá-lo?

Até 1935, todos os esquerdistas ingleses eram vagamente pacifistas. Depois de 1935, os mais exaltados dentre eles se lançaram com avidez no movimento da Frente Popular, que não passava de um subterfúgio para evitar todo o problema imposto pelo fascismo. Colocou-se como "antifascista" de forma puramente negativa — "contra" o fascismo sem se mostrar "a favor" de nenhuma política reconhecível — e, subjacente a ele, havia a ideia flácida de que, quando chegasse a hora, os russos lutariam por nós. É assombroso o quanto essa ilusão resiste a morrer. Toda semana, uma enxurrada de cartas ao editor chega aos jornais, apontando que, se tivéssemos um governo sem conservadores, os russos dificilmente conseguiriam evitar ficar do nosso lado. Ou então publicamos bombásticos objetivos de guerra (ver livros como *Unser Kampf* [Nossa luta], *A Hundred Million Allies if We Choose* [Um milhão de aliados se quisermos] etc.), segundo os quais as populações europeias vão inevitavelmente se levantar a nosso favor. Trata-se sempre da mesma ideia — busque inspiração no exterior, consiga que alguém lute em seu lugar. Subjacente a isso está o apavorante complexo de inferioridade do intelectual inglês, a crença de que os ingleses deixaram de ser uma raça marcial e não têm mais condições de aguentar até o fim.

Na verdade, não há razão para se imaginar que alguém ainda vá lutar por nós, com exceção dos chineses, que vêm fazendo isso já há três anos.[26] Os russos podem ser levados a lutar do nosso lado em consequência de um ataque direto, mas já deixaram bem claro que não vão se opor ao Exército alemão se houver como evitá-lo. De qualquer modo, eles provavelmente não serão atraídos pelo espetáculo de um governo de esquerda na Inglaterra. O atual regime russo deve, quase certamente, se mostrar hostil a qualquer revolução no Ocidente. Os povos subjugados da Europa vão se revoltar assim que Hitler começar a cambalear, mas não antes. Nossos potenciais aliados não são os europeus, mas, de um lado, os americanos, que precisam de mais um ano para mobilizar os seus recursos mesmo que as grandes empresas sejam cooptadas, e, de outro lado, os povos de cor, que não podem sequer sentimentalmente ficar do nosso lado antes que nossa própria revolução tenha começado. Por muito tempo, um ano, dois anos, ou possivelmente três anos, a Inglaterra terá de ser o amortecedor do mundo. Vamos ter de aguentar os bombardeios, a exaustão, a gripe, o tédio e as traiçoeiras propostas de paz. Manifestamente, esta é a hora de reforçar o moral, não de enfraquecê-lo. Em vez de assumir essa atitude mecanicamente antibritânica, tão costumeira na esquerda, é melhor pensar no que o mundo realmente seria caso a cultura de língua inglesa perecesse. Pois é pueril supor que os outros países de língua inglesa, mesmo os Estados Unidos, não serão afetados caso a Inglaterra seja conquistada.

Lord Halifax e toda a sua tribo acreditam que, quando acabar a guerra, tudo vai continuar exatamente como antes. De volta aos corredores labirínticos de Versalhes,

---

26 Escrito antes da eclosão da guerra na Grécia. (N. A.)

de volta à "democracia", isto é, ao capitalismo, de volta às filas de desempregados e aos carros Rolls-Royce, de volta às cartolas cinzentas e às calças de flanela, *in saecula saeculorum*. É óbvio que nada disso vai acontecer. Uma débil imitação disso talvez ainda seja possível no caso de uma paz negociada, mas só por pouco tempo. O capitalismo *laissez-faire* está morto.[27] A escolha será entre o tipo de sociedade coletivista que Hitler vai instaurar e o tipo que pode surgir caso ele seja derrotado.

Se Hitler vencer a guerra, ele irá consolidar o seu domínio em toda a Europa, a África e o Oriente Médio, e se seus exércitos ainda não tiverem se exaurido, arrancará vastos territórios da Rússia soviética. Irá instaurar uma sociedade de castas hierarquizada, na qual o *Herrenvolk* alemão (a "raça dos senhores" ou "raça aristocrática") dominará os eslavos e outros povos inferiores, cuja tarefa será cultivar produtos agrícolas de baixo custo. Ele irá reduzir os povos de cor de uma vez por todas à franca escravidão. A verdadeira querela das potências fascistas com o imperialismo britânico é que elas sabem o quanto ele está se desintegrando. Mais vinte anos seguindo a mesma linha atual de desenvolvimento e a Índia será uma república camponesa vinculada à Inglaterra apenas por uma aliança voluntária. Os "semimacacos" de quem Hitler fala com tanta ojeriza estarão pilotando aviões e fabricando metralhadoras. O sonho fascista de um império escravista vai encontrar o seu fim. Por outro lado, se formos derrotados, vamos simplesmente entregar as nossas próprias vítimas a novos senhores, que assumirão a tarefa revigorados e sem ter desenvolvido nenhum escrúpulo.

---

27 É interessante notar que, ao retornar a Nova York em outubro de 1940, o sr. [Joseph] Kennedy, embaixador dos Estados Unidos em Londres, comentou que, em consequência da guerra, "a democracia está acabada". Por "democracia", claro, ele entende o capitalismo privado. (N. A.)

Porém há bem mais em jogo do que o destino dos povos de cor. Duas concepções de vida incompatíveis estão em conflito. "Entre a democracia e o totalitarismo", diz Mussolini, "não pode haver compromisso." Nem mesmo podem os dois credos, por qualquer período, conviver lado a lado. Enquanto houver democracia, mesmo em sua versão inglesa tão imperfeita, o totalitarismo estará correndo um perigo mortal. O mundo de língua inglesa como um todo é assombrado pela ideia da igualdade humana, e mesmo que seja simplesmente mentiroso afirmar que tanto nós como os americanos nos mostramos à altura dessa declaração, ainda assim permanece a *ideia*, e a possibilidade de que um dia se torne realidade. A partir da cultura de língua inglesa, caso não pereça, uma sociedade de seres humanos livres e iguais acabará surgindo. Mas é precisamente a ideia de igualdade humana — a ideia de igualdade "judaica" ou "judaico-cristã" — que Hitler veio ao mundo para destruir. Bem se sabe que ele tem dito isso com frequência. A ideia de um mundo no qual os negros sejam equiparados aos brancos, e no qual os judeus sejam tratados como seres humanos, provoca nele o mesmo horror e desespero que, em nós, causaria a perspectiva de uma escravidão sem fim.

É importante ter em mente o quão irreconciliáveis esses dois pontos de vista são. Em algum momento no prazo de um ano, é bem provável uma reação pró-Hitler dentro da intelligentsia de esquerda. Já se notam sinais premonitórios disso. As realizações positivas de Hitler apelam à vacuidade dessas pessoas e, no caso daqueles com propensões pacifistas, ao seu masoquismo. De antemão, pode-se saber mais ou menos o que vão dizer. Começarão por se recusar a admitir que o capitalismo britânico esteja evoluindo para algo diferente, ou que a derrota de Hitler possa significar algo mais do que uma vitória dos milionários britânicos e americanos. E, a partir daí, vão argumentar que, no fim das contas, a democracia é "o mesmo que" ou "tão ruim quanto" o totalitarismo. Não há *tanta* liberdade de expressão assim na Inglaterra; portanto, *não há mais* aqui do que existe na Alemanha. Ficar desempregado é uma experiência horrível; portanto, *não é pior* do que acabar nas câmaras de tortura da Gestapo. Em geral, dois negros equivalem a um branco, e meio pão é o mesmo que pão nenhum.

Mas, na realidade, não importa o que seja verdadeiro a respeito da democracia e do totalitarismo, não é verdade que sejam a mesma coisa. Não seria verdadeiro mesmo que a democracia britânica fosse incapaz de evoluir para além do seu estágio atual. Toda a concepção de um Estado continental militarizado, com sua polícia secreta, sua literatura censurada e sua mão de obra arregimentada, difere totalmente de uma democracia marítima relaxada, com seus cortiços e seus desempregados, suas greves e sua política partidária. É a diferença entre uma potência terrestre e uma potência marítima, entre crueldade e ineficiência, entre mentira e autoengano, entre o ss e o cobrador de aluguel. E, ao escolher entre os dois, não se escolhe tanto com base na força que têm atualmente, mas no que são capazes de se tornar. Em certo sentido, porém, é irrelevante se a democracia, seja em seu apogeu, seja em seu declínio, é "melhor" do que o totalitarismo. Para tomar tal decisão seria preciso ter acesso a critérios absolutos. A única questão que importa é onde estarão as simpatias genuínas na hora em que a coisa apertar. Os intelectuais que tanto se comprazem em comparar democracia e totalitarismo, e em "comprovar" que são igualmente ruins, não passam de pessoas frívolas que jamais tiveram de se defrontar com a realidade. Demonstram a mesma incompreensão superficial do fascismo, agora que começam a flertar com ele, que demonstravam há um ou dois anos, quando então se esgoelavam contra ele. A questão não é "Pode-se num grupo de debates 'argumentar' a favor de Hitler?", e sim "Você genuinamente aceita tal argumentação? Está disposto a se submeter ao domínio de Hitler? Quer ou não ver a Inglaterra conquistada?". Seria melhor estar certo a esse respeito antes de se colocar frivolamente ao lado do inimigo. Pois não existe neutralidade na guerra; na prática, temos de apoiar um lado ou o outro.

Quando vier o momento crítico, ninguém criado na tradição ocidental pode aceitar a concepção de vida fascista. É importante se dar conta disso *agora*, e entender as suas consequências. Apesar de toda a sua indolência, hipocrisia e injustiça, a civilização de língua inglesa é o único grande obstáculo no caminho de Hitler. Ela é uma contradição viva de todos os dogmas "infalíveis" do fascismo. É por isso que todos os escritores fascistas, durante anos, concordaram que o poder da Inglaterra deve ser destruído. A Inglaterra deve ser "exterminada", deve ser "aniquilada", deve "deixar de existir". Estrategicamente, é possível que esta guerra termine com Hitler de posse garantida da Europa, e com o Império Britânico intacto e o poderio naval britânico quase inatingido. Mas ideologicamente isso não é possível; se Hitler fizesse uma oferta nesse sentido, só poderia ser de forma traiçoeira, visando conquistar indiretamente a Inglaterra ou retomar os ataques em outro momento mais favorável. Não se poderia permitir à Inglaterra que continuasse sendo uma espécie de funil pelo qual ideais vindos do outro lado do Atlântico penetrem nos Estados policiais da Europa. E, retomando o nosso ponto de vista, constatamos a vastidão da questão diante de nós, a importância crucial de preservar a nossa democracia mais ou menos como a conhecemos. Mas *preservar* significa sempre *estender*. A escolha que se nos apresenta não é tanto entre a vitória e a derrota, mas entre a revolução e a apatia. Se aquilo pelo que estamos lutando for destruído por completo, terá sido destruído em parte por nossos próprios atos.

Pode acontecer de a Inglaterra introduzir os princípios do socialismo, transformar esta guerra numa guerra revolucionária, e ainda assim ser derrotada. Trata-se, de qualquer modo, de uma possibilidade concebível. Porém, por mais terrível que isso fosse para alguém hoje adulto, seria melhor do que a "paz de compromisso" que uns poucos ricaços e os mentirosos a serviço deles estão esperando. A ruína final da Inglaterra só poderia ser alcançada por um governo inglês atuando sob as ordens de Berlim. Mas isso não pode acontecer se antes a Inglaterra despertar. Pois, neste caso, a derrota seria inequívoca, a luta continuaria, a *ideia* sobreviveria. A diferença entre sucumbir em combate e render-se sem luta não é, de forma alguma, uma questão de "honra" e de heroísmo adolescente. Hitler disse certa vez que *aceitar* a derrota destrói a alma de uma nação. Parece conversa fiada, mas é rigorosamente verdadeiro. A derrota de 1870 não diminuiu a influência mundial da França. A Terceira República tinha mais influência, em termos intelectuais, do que a França de Napoleão III. Mas o tipo de paz que Pétain, Laval e cia. aceitaram só pode ser obtido por meio da aniquilação deliberada da cultura nacional. O governo Vichy vai desfrutar de uma independência espúria apenas sob a condição de destruir as marcas características da cultura francesa: republicanismo, secularismo, respeito pelo intelecto, ausência de preconceito de cor. Não podemos ser *completamente* derrotados se antes tivermos feito a nossa revolução. Talvez vejamos tropas alemãs marchando sobre Whitehall, mas outro processo, em última análise fatal para o sonho de poder germânico, terá sido desencadeado. O povo espanhol foi derrotado, mas as coisas que aprendeu durante aqueles dois anos e meio memoráveis irão um dia recair sobre os fascistas espanhóis como um bumerangue.

Um trecho bombástico de Shakespeare foi muito citado no princípio da guerra. Até mesmo o sr. Chamberlain o citou uma vez, se não me falha a memória:

Venham armados os quatro cantos do mundo
E vamos assaltá-los.
Nada vai nos causar arrependimento
Se fiel a si mesma for a Inglaterra.[28]

Interpretado corretamente, é disso que se trata. Mas a Inglaterra tem de se manter fiel a si mesma. Ela não está sendo fiel a si mesma quando os refugiados que buscam as nossas praias são confinados em campos de concentração, e quando diretores de empresas recorrem a esquemas sutis para se esquivar do Imposto sobre Lucros Excedentes. É hora de se despedir do *Tatler* e do *Bystander*, e dar adeus à madame no Rolls-Royce. Os herdeiros de Nelson e de Cromwell não estão na Câmara dos Lordes. Estão nos campos e nas ruas, nas fábricas e nas forças armadas, nos pubs e nos quintais suburbanos; e, no momento, ainda são sufocados por uma geração de fantasmas. Comparada à tarefa de trazer a real Inglaterra à tona, mesmo a vitória na guerra, por mais necessária que seja, é secundária. Por meio da revolução, vamos nos tornar mais nós mesmos, e não menos. Não há como hesitar, buscar um compromisso, salvar a "democracia", ficar parado. Nada jamais fica parado. Precisamos incrementar o nosso legado ou iremos perdê-lo, precisamos crescer mais ou acabaremos menores, precisamos ir para a frente ou para trás. Acredito na Inglaterra, e acredito que vamos para a frente.

(1940)

---

28 "*Come the four corners of the world in arms/ And we shall shock them./ Naught shall make us rue/ If England to herself do rest but true.*" Shakespeare, *Vida e morte do rei João*, v.vii. (N. T.)

1ª EDIÇÃO [2021] 3 reimpressões

Esta obra foi composta em Sabon por Alexandre Pimenta
e impressa em ofsete pela Geográfica sobre papel Pólen Natural
da Suzano S.A. para a Editora Schwarcz em janeiro de 2023

A marca FSC® é a garantia de que a madeira utilizada na fabricação
do papel deste livro provém de florestas que foram gerenciadas de
maneira ambientalmente correta, socialmente justa e economicamente
viável, além de outras fontes de origem controlada.